sawasdee krab

就是愛泰

6 條超夯路線 ✕ 60 處特搜景點
跟著玩樂主播享受曼谷好時光

玩樂主播　郭人榮 著

作　　　者	郭人榮
企 劃 編 輯	陳慧觀
編　　　輯	黃馨慧
美 術 設 計	吳怡嫻

發 行 人	程顯灝
總 編 輯	呂增娣
主　編	翁瑞祐
編　　　輯	鄭婷尹、邱昌昊、黃馨慧
美 術 主 編	吳怡嫻
資 深 美 編	劉錦堂
美　編	侯心苹
行 銷 總 監	呂增慧
資 深 行 銷	謝儀方
行 銷 企 劃	李承恩、程佳英

發 行 部	侯莉莉
財 務 部	許麗娟、陳美齡
印　務	許丁財
出 版 者	四塊玉文創有限公司

總 代 理	三友圖書有限公司
地　址	106 台北市安和路 2 段 213 號 4 樓
電　話	(02) 2377-4155
傳　真	(02) 2377-4355
E - mail	service@sanyau.com.tw
郵 政 劃 撥	05844889 三友圖書有限公司

總 經 銷	大和書報圖書股份有限公司
地　址	新北市新莊區五工五路 2 號
電　話	(02) 8990-2588
傳　真	(02) 2299-7900

| 製 版 印 刷 | 卡樂彩色製版印刷有限公司 |

初　版	2016 年 11 月
定　價	新台幣 350 元
I S B N	978-986-5661-93-9（平裝）

Sawasdee krab!
就是愛泰

6 條超夯路線 × 60 處特搜景點
跟著玩樂主播享受曼谷好時光

SAN YAU
http://www.ju-zi.com.tw
三友圖書
友直 友諒 友多聞

國家圖書館出版品預行編目（CIP）資料

Sawasdee krab! 就是愛泰：6條超夯路線×60處
特搜景點，跟著玩樂主播享受曼谷好時光／郭人榮
著. -- 初版. -- 臺北市：四塊玉文創, 2016.11
面；公分
ISBN 978-986-5661-93-9（平裝）

1.旅遊 2.泰國曼谷

738.2719　　　　　　　　　　　　　105019968

讓你的旅程故事更精彩

郭人榮（DJ）是一個知名節目主持人及旅遊部落客，尤其喜愛到泰國旅遊，這次特別將自己獨創的旅遊方式及經驗集結成冊出版，書名為《Sawasdee krab！就是愛泰》。

曼谷是世界最知名的觀光景點，充滿著許多有趣的事物，當我們手中有更多資訊時，可以讓您更方便的暢遊曼谷這個大都會來一趟深度探索之旅。

本書以四大特色及五大主題做編排，以一個最愛泰國的旅遊達人角度來推薦如何針對購物、美味餐館、特色旅店、文化探索、近郊旅行等五大主題規劃安排自己的旅程。書中並介紹了平價旅遊及奢華旅遊、半日遊及一日遊路線規劃、還有利用 QR code 輕鬆看地圖遊泰國及實用泰文教學。

郭人榮每年都會到泰國非常多次，長期下來對泰國非常的了解，現在將以旅遊達人的身分，以個人充滿獨到的解析，提供全新的資訊及體驗的分享，更有許多私房景點的介紹，想到要曼谷自助的旅客，只要擁有這本曼谷旅遊工具書，就可以變成泰國旅遊達人。

非常謝謝郭人榮挑選出很多很好的資訊來編寫這本書，相信讀者看完後應該都會得到豐富的泰國旅遊資訊，並且迫不及待的想到泰國去創造屬於自己的旅程故事，相信這個充滿微笑的國家，在不久的將來有機會迎接各位旅客，我們會以最熱忱的服務，讓您留下美好回憶。

—— 泰國觀光局台北辦事處處長 邱杰

amazing
THAILAND

去泰國，跟著人榮就對了！

我認識的人榮，很愛玩，很會玩，也很懂玩！每次在節目上邀請他來分享遊記，總是意猶未盡，節目時間有限，但是人榮的私房景點卻是多到講不完了，人稱「玩樂主播」的他可真的不是浪得虛名呢！泰國是人榮非常推薦的度假國家，人榮玩泰國，玩到快變成他的第二家鄉了，我自己超級期待他的分享，也推薦給愛玩的大家喔！

——三立財經台主播 王志郁

認識小郭好多好多年了，當他還是非凡主播時，來採訪我母親藍玉梅的畫展，熱情的他不但訪問做得專業到位，更是和我與母親變成了好朋友，多年來沒停止過關心和聯繫。

在我心中，他最大的優點就是對人與對生活的熱情，讓他的人生充滿著精彩和溫情，並充滿感染力！每次看著他的旅行日誌和各種用心的分享，就覺得好想去旅行啊！羨慕著他發掘旅途精采的細心，和盡情享受樂趣的開心！對泰國非常熟悉的他，不僅是玩樂專家，也是個投資達人！相信跟著這本書步上旅途，開拓視野及可能，會很有安全感哦！

——知名藝人 徐潔兒

對泰國的印象，來自小學五年級，跟著爸媽跟團出遊的記憶，騎臭臭的大象、吃鱷魚肉和米粉湯，還有男生變成女生的人妖秀；出社會後，第一次與人榮同遊泰國，才知道泰國名產不是米粉湯，我們一起去了剛開幕的 Siam Paragon、一起去了 RCA 夜店、一起去洽圖洽跟泰國人殺價，才知道泰國曼谷是多好玩的地方！

與人榮認識超過十年，看他為了「愛泰」，留職停薪跑去曼谷 long stay，還學了泰文，交了一堆泰國帥哥美女朋友；現在每次要去泰國玩，都要敲敲人榮，推薦哪個飯店、哪些景點、該吃哪家餐廳，恭喜人榮終於完成出書夢想。喜歡泰國的你，或是想去泰國，卻不知道哪裡好玩的你，翻開這本書就對了！

——非凡新聞晚間主播 陳明君

與人榮相識多年，一起出國玩過好幾次，他就像個「人體導航、翻譯機」，並且隨時充滿活力，照顧同伴。很佩服他的熱情與堅持，還有過人的語言天分！

——主播／主持人 劉涵竹

5

人生不就是一場旅行？

如果要活得精彩，那你的每一趟旅程都要好好規劃安排。在媒體圈打混了 10 年，身為玩樂主播的我，一年 365 天，有三分之二的時間都在國外，走遍世界 20 多國，終於要輪到我出第一本書了。

說來其實感慨很深，在 10 多年前，周遭的朋友就勸我出書，但是我選擇以寫部落格的方式代替寫書，直到今年突然有個想法，當初我會愛上泰國，可是因為 10 年前的一本雜誌，當中的照片和文字，深深吸引了我。從去泰國旅遊、學習泰文、當上旅遊達人到和大家分享泰國的美好，甚至還投資泰國房產，這都是我 10 年前沒有想到會做的事。所以這一回我想用文字和照片的力量，讓喜歡我的讀者和粉絲們，也能夠和我一樣，愛上這個國家。

本書和坊間的旅遊攻略有很大的不同，我們沒有地圖，因為現在用手機上網都能查到，所以我不再手繪地圖，但是只要掃描書上的 QR code，可以看到很多我在旅遊景點所拍攝的影片，甚至還有 1 分鐘學泰語的教學單元，希望對大家的自助旅行能有很大的幫助。

如果這本書迴響不錯，我會開始規劃出第二本旅遊祕笈，至於是哪一個目的地，我在這邊先賣關子，祝大家旅途愉快，一路順風。

玩樂主播

目 錄

Chapter 1

來去泰國
——跟著玩樂主播聰明花錢玩很大

Chapter 2

購物樂遊
——跟著玩樂主播暢遊曼谷血拚去

Chapter 3

美味餐館
——跟著玩樂主播享受曼谷好食光

Chapter 4

特色旅店 🛏️
——跟著玩樂主播入住曼谷休憩去

Chapter 5

虔誠國度
—— 跟著玩樂主播祈願拜拜好安心

Chapter 6

近郊小旅行
—— 跟著玩樂主播來去芭達雅與華欣

Chapter 1
來去泰國

跟著玩樂主播聰明花錢玩很大
going in Bangkok

5 千元省錢玩三天兩夜

假設只有台幣 5 千元的預算，有點想出國走走，該怎麼玩？快來看看我為你們規劃的三天兩夜背包客行程，保證該玩的都玩得到。跟我這樣做，你也可以經濟又實惠的玩曼谷！

買機票：購買廉價航空的促銷票約 **3,000** 元有找。
訂房間：上網預訂 Sleepbox Sukhumvit 22（p.128），
酒店兩晚（含早餐）約 **800** 元。

啟程：週五直飛，入住 Sleepbox Sukhumvit 22。

早上：飯店內享用早餐，餐後去逛洽圖洽週末市集。
中午：在洽圖洽品嘗湯麵，一碗約 **30** 元。
下午：到四面佛（p.138）許願祈福。

早上：飯店內享用早餐，餐後到水門市場（p.29）逛街，
順便做傳統泰式按摩（一小時約 **150** 元）。
中午：在附近吃路邊攤或在水門市場的美食街享用，一餐約 **50** 元。
回家：搭機返回溫暖的家。

TIPS: 扣掉交通費約 200 元，剩下的錢可以買手標泰式奶茶、綠咖哩媽媽泡麵等伴手禮回台灣。

5 萬元奢華遊三天兩夜

如果有台幣 5 萬元的預算,可以怎麼玩?讓我來為你規劃三天兩夜頂級遊,保證讓你住得好、吃得開心、逛得過癮、按得舒爽,還能逛街買伴手禮!

行前準備 買機票:搭乘商務艙直飛曼谷,費用約 21,000 元。
訂房間:上網預訂 Intercontinental Bangkok(p.122),酒店兩晚(含早餐)約 12,000 元。

DAY 1 啟程:週五直飛,入住 Intercontinental Bangkok。
晚上:到 Dine in the Dark(p.72)體驗在黑暗中用餐的特殊感受,費用約 1,500 元。

DAY 2 早上:飯店內享用五星級早餐,餐後去附近逛街(或在飯店休息、游泳)。
中午:Luk Kai Thong(p.70),約 1,000 元。
下午:前往 Banyan Tree Bangkok(p.115)享受最有名的悅榕 SPA,約 6,000 元。
晚上:在 Banyan Tree Bangkok 的 Saffron 餐廳用餐,約 2,000 元;再往上到知名的 Moon Bar 月亮酒吧欣賞夜景,花費約 500 元。

DAY 3 早上:飯店內享用五星級早餐,餐後出門繼續逛街、採買個人喜愛的物品。
中午:到 Savoey Seafood(p.56)用餐,約 1,500 元。
回家:搭機返回溫暖的家。
TIPS: 扣掉交通費約 1,000 元,還有 3,000 多元可以買伴手禮!

曼谷芭達雅親子遊兩天一夜

泰國有很多適合親子同遊的景點，跟著我幫你規劃好的行程，
來一趟超開心的親子自由行吧！

04

搭乘計程車約 8 分

05

Dinosaur Planet
亞洲最新最大的恐
龍主題樂園（p.47）

Savoey Seafood
絕對不會踩到地雷
的美味餐廳（p.56）

往北至 Dinosaur
Planet 搭計程車
約 2 小時

Cape Dara Resort
放空看海，享受超
美無邊際游泳池
（p.174）

01

搭乘計程車約 30 分

Rimpa Lapin
蓋在懸崖上，面海觀景的餐
廳（p.162）

02

03

Cartoon Network Amazone
跟小朋友一起玩水、驅
除暑氣（p.155）

搭乘計程車約 7 分

貴婦血拚享樂一日遊

泰國是個好逛好買的度假勝地！跟著我一起來去曼谷最時尚的百貨公司，走在潮流尖端，享受宛若貴婦般的生活！

01

🚇 **Siam**

🧑 搭乘 BTS 從 Siam 站，或搭乘 BTS 至 Phrom Phong 站，約 30 分

Siam Discovery
跟著吉祥物 Explorer 一起逛商場（p.32）

05

🚇 **Asok Junction**

Dine in the Dark
在黑暗中用餐，體驗盲人生活上的不便（p.72）

🧑 步行約 5 分

Luk Kai Thong
體驗坐在鳥籠裡用餐的特殊感受（p.69）

02 03

🚇 **Phrom Phong**

EmQuartier
曼谷最夯！把熱帶雨林帶進百貨公司內（p.24）

🧑 搭計程車約 15 分，或搭乘 BTS 從 Phrom Phong 站至 Thong Lo 站，再步行前往，約 30 分

🧑 步行至 Thong Lo 站，再搭乘 BTS 至 Asok 站，約 30 分

04

🚇 **Thong Lo**

After You
超人氣排隊甜點、最好吃的蜜糖土司（p.74）

吃香喝辣美食一日遊

來到曼谷，無論是路邊攤、百貨公司美食街或餐廳，都有讓人迷戀不已的美食，跟著我安排的行程，一起來去吃好料吧！

01
Chit Lom

Savoey Seafood
網路超夯店家，聽說咖哩螃蟹比建興酒家好吃（p.56）

搭乘 BTS 從 Chit Lom 站，或搭乘 BTS 至 Phrom Phong 站，約 20 分

02
Phrom Phong

White Story
超美味下午茶，拍下美麗的照片與好友分享（p.74）

搭計程車約 30 分，或搭乘 BTS 從 Phrom Phong 站至 Ratchathewi 站，再步行前往，約 45 分

Aey Seafood
最新鮮美味的頂級海鮮和泰式料理（p.60）

03
Phrom Phong

搭計程車約 15 分，或搭乘 BTS 從 Phrom Phong 站至 Thong Lo 站，再步行前往，約 30 分

04

Sirocco
夜宿金頂蓮花酒店，吃宵夜，賞世界三大景觀餐廳的夜景（p.112）

小資批貨逛街一日遊

如果你是精打細算的小資玩家，那麼來到曼谷的血拼路線一定得先計畫好！我的建議是逛 Siam Square 和 Platinum Fashion Mall，午餐就在這兩個地方擇一解決，好吃又便宜。

搭乘計程車約 10 分，
或步行前往，約 17 分

The Platinum Fashion Mall

號稱泰國版五分埔，
購買數達店家指定
標準，就有批發價
（p.29）

Siam Square

號稱曼谷版西門
町，是泰國年輕
人最喜愛的地方
（p.40）

華欣樂活一日遊

要避暑？來這就對了！距離曼谷約 3 小時車程的華欣，有海灘、陽光和夜市！跟著我來趟輕鬆的小旅行吧！

Santorini Park
藍白風格的希臘小鎮，在泰國感受地中海之美（p.181）

搭乘計程車約 2 分，步行約 24 分

01

02

Camel Republic
接近大自然看動物，充滿異國風情的主題公園（p.184）

搭計程車約 25 分

PlearnWan
拍照拍不停的復古懷舊小鎮（p.187）

03

搭計程車約 15 分

04

Cicada Market
晚上在市集挖寶，尋找最有創意的物件帶回家（p.192）

水上市場騎大象半日遊

這裡要帶大家前往假日總是人山人海的 Damnoen Saduak
Floating Market（丹能沙朵水上市場）。許多到曼谷玩的旅客
都會選擇包車的方式來這裡！

Chang Puak Camp

雖然「保護動物」意識高漲，但聽當地人
說這裡的大象以前得載木頭和其他建材、
貨品，比載人更辛苦！至於要不要體驗，
還是看個人囉。

 搭乘計程車約 10 分

**Damnoen Saduak
Floating Market**

感受以船為交通工具，穿梭河面上
的經驗。還會有小販將商品載在船
上，划到你面前銷售喔！

COLUMN

看不懂也能說泰語 （掃描 QR code，可看影片喔！）

● 早餐篇（一）

玩樂主播教泰語

早餐	Ahan Chao
	（阿含朝）
吃飯	Gin Khao\
	（緊〔台語發音〕靠）
麵包	Kha Nong Bang
	（咖農邦）

● 早餐篇（二）

玩樂主播教泰語

西瓜	Deng Mo
	（茶〔台語發音〕毛〔台語發音〕）
豆漿	Nam Dao\ Fu
	（男到付）

● 調味料篇

玩樂主播教泰語

醬油	Si Yu
	（錫優）
鹽	Glue
	（葛）
番茄醬	Sause Ma Ke Ted\
	（叟斯媽可退）
辣椒醬	Sause Prik
	（叟斯霹靂 k）
胡椒粉	Prik Thai
	（霹靂 k 泰）
辣椒魚露	Prik Nam Bla
	（霹靂 k 男布拉）

Going in Bangkok

● 上廁所篇

 玩樂主播教泰語

廁所　　　　　Hong\ Nam
　　　　　　　（閧男）

廁所在哪裡？　Hong\ Nam Yu Thi\ Nai?
　　　　　　　（閧男友替乃？）

● 人妖秀篇

 玩樂主播教泰語

你幾歲？　　　Ayu Thao\ Rai?
　　　　　　　（阿優套來？）

超帥　　　　　Lor Mak\
　　　　　　　（摟罵）

● 坐船遊河篇

 玩樂主播教泰語

你的名字是　Chue\ Arai Ka
　　　　　　（斥阿賴卡）

昭披耶河　　Mae\ Nam Chao\ Phra Ya
　　　　　　（媚男照帕呀）

Chapter 2
購物樂遊

跟著玩樂主播暢遊曼谷血拚去

Shopping in Bangkok

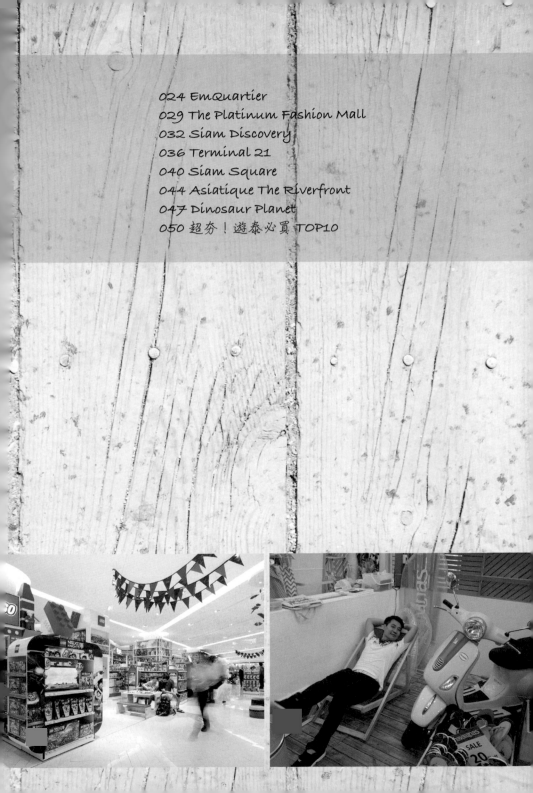

EmQuartier

都市裡的綠洲，血拼新地標

主播直擊
live 秀

EmQuartier 是愛泰人士來到曼谷血拼的一個新選擇。這是 The Mall 集團繼 Siam Paragon & Emporium 後新闢的百貨戰場。

EmQuartier 位於 BTS Phrom Phong 站 1 號出口，走空橋可直接連到 M 樓層，交通非常方便。The Mall 集團將此區命名為 The EM District，包含 Emporium 和 EmQuartier，很明顯的可以看出集團有意藉此打造黃金購物商圈。

EmQuartier 由三棟主建築合併而成，包括左側的 The Helix、右側的 The Glass 和內側的 The Waterfall。連接三棟樓的中庭廣場有挑高 40 米的瀑布及都市叢林的裝置藝術。商場內還有戶外花園 Water

A｜B C
　　D

A 開心逛街，拍照留念
B 大樓間的中庭，綠意盎然
C 商場外觀時尚氣派
D 超清涼的戶外空中花園
（照片 C、D 由 EmQuartier 提供）

Garden、藝術影城 Cineart、健身中心 Virgin Active，以及位於 45
樓的高空景觀台 Sky Cliff。來這裡購物可以感受到空間的寬敞及大自
然的氛圍，有別於其他商場予人的既定印象。

EmQuartier 的 5 樓空中花園，可以看到 2016 年 3 月底開幕的
Dinosaur Planet（恐龍星球樂園）。據說這個公園斥資 6 億元新

台幣打造，被稱之為曼谷版「侏儸紀公園」，期間限定，只開放到 2017 年 2 月就會拆掉，來曼谷玩的時候可別錯過啦！

在 M 層有最吸睛的炫目 360 度扭曲螢幕，橫跨多層樓高，在捲曲的立體螢幕上，不定時的變換光影、圖案，非常吸睛，也十分適合在這裡玩自拍呢！

地下樓層的 Foodhall（美食街）有法式薄餅店 Crepes & Co.、韓式炸雞連鎖店 BonChon chicken、美式甜甜圈 Krispy Kreme 及特色義式冰品 Stickhouse 等。來自台灣的豪大雞排也首次進軍泰國，在這裡設櫃。但如果想要在泰國吃台灣雞排，得先有心理準備，飄洋過海的雞排一片售價 139 泰銖。美食街的價位不太親民，泰式炒粿條 Pad Thai 要 70 泰銖起跳，比一般購物商場的美食街價格高出 2 成左右。

EmQuartier 有高檔超市 Gourmet Market，什麼進口食品都有販售，零食選擇性比其他商場更多。外賣專區有來自清邁的五星級度假村 Dhara Dhevi 旗下的 Cake Shop，馬卡龍一顆售價 30 至 50 泰銖。

A | B
| C

A 由高處往下看，別有一番韻味
B 高檔超市什麼都賣
C 美食街的用餐環境十分舒適
（照片均由 EmQuartier 提供）

在法國有甜點界畢卡索之稱的 Pierre Hermé Paris boutique，首次登陸泰國，只有這裡才買得到。至於最受歡迎的排隊美食，除了豪大雞排外，就是可頌鯛魚燒 Croissant Taiyaki，三種口味的價格分別為 60、65、70 泰銖。

這裡還有日系書店 Kinokuniya（紀伊國書屋），以及規劃成數十間相連的迴旋式美食餐廳。泰國各大電信公司和銀行都有在 EmQuartier 設點，是便民且貼心的服務。

商城最大特色是進駐許多首次登陸泰國的品牌，例如 Beams、

A B
C

A 充滿綠意、十分特別的螺旋式美食街
B 商場整體外貌
C 架上的產品好吸引人,當伴手禮最適合
(照片由 EmQuartier 提供)

Banana Republic、Stylenanda、Pierre Herme 等;也有消費者熟識的品牌,包括 ZARA、H&M、D&G、CK、BALENCIAGA、COACH、CLUB21、Carvel、DKNY、MARC JACOBS、DIESEL、rag & bone 等,在此都找得到;而泰國本地設計師品牌FLY NOW、GREYHOUND,也在這裡。

🏛 EmQuartier, 693,695 Sukhumvit Road, Bangkok
🚇 搭乘 BTS 至 Phrom Phong 站 1 號出口
📞 +66-2-679-7185
🕐 10:00~22:00
📶 www.theemdistrict.com

The Platinum Fashion Mall

泰國五分埔，小資男女撿便宜必訪

所有準備前往泰國自由行的朋友們，應該都會將 The Platinum Fashion Mall（水門市場，又稱白金時尚購物廣場）列為必到景點。這裡最大的魅力是物美價廉，服飾不斷隨著潮流更新，對我而言，實在是個泰好買的好去處。如果你是小資男女，也一定要來這裡撿便宜，才不枉曼谷之行喔！

The Platinum Fashion Mall 連接三棟大樓，分成 Zone1、Zone2、Zone3 三個區域，每次第一棟大樓沒逛完，就已經提滿戰利品，根本無暇也無體力再逛後面兩棟。有人說這裡是泰國的五分埔，但我認為這裡更好逛，室內商場的設計，不怕下雨；夏季裡還有冷氣吹，逛起來比洽圖洽週末市集舒服多了！唯一缺點是前面說的，經常一不注

A B
   C
D F
E

A 商場的每一層都好逛
B T恤、上衣都不貴
C 架上色彩繽紛的購物袋，既
實用又好看
D 商品多到看不完
E 女裝便宜，種類又多
F 商場外觀時尚

意就買太多，得先將戰利品帶回酒店才能做下一件事。

泰國人也喜歡在 The Platinum Fashion Mall 買衣服，因為這裡不論衣服、飾品、各式鞋類、內衣、泳衣、包包，應有盡有，批發、零售都有。在台灣很難找到高跟鞋尺碼的女性同胞們，歡迎來逛逛，這裡款式多、大尺寸齊全，包你最少買 3 雙回台灣。

這裡有太多流行且新潮的服飾，我要提醒大家，看到喜歡的物件，只要價格能接受（通常襯衫價格約 150～200 泰銖、洋裝約 200～300 泰銖、鞋子約 50～500 泰銖、飾品約 50～200 泰銖，包包稍微貴些，約 200～1000 泰銖）就下手，因為再繞回到原點的機會實在太小，走過不要錯過喔！

水門市場 1 至 3 樓是女裝，4、5 樓是男裝、配件與包包。但也不是完全如此，有時間可以仔細看看。這裡除了當地人、觀光客會去逛，還有一些人會來這裡批貨，帶回去自己的國家販賣。新加坡、香港、台灣都有。我就看過不少拖著小型行李箱在這裡逛街的女生，還有帶著超大紅藍塑膠袋子逛街的年輕男女（應該是來批貨的）。

逛街後覺得肚子有點餓了，不用擔心，Zone2 的 6 樓就是美食街，有許多道地的泰國小吃，好吃又便宜，我最喜歡吃的泰國甜點芒果糯米，在這裡一份只要 35 泰銖！

🏛 542/21-22 Petchaburi Road, Petchaburi Road district, Rachateewe Bangkok

🚇 搭 BTS 至 Chit Lom 站 1 號出口，走進 Central World，有空橋直通

🕐 09:00~20:00

🌐 www.platinumfashionmall.com

Siam Discovery

重新營運，科技化的時尚購物商城

在日本知名設計師佐藤オオキ的規劃下，Siam Discovery Center 花了 40 億，費時一整年的時間，終於改造成功，搖身一變為令人驚艷的超時空科技化購物好去處，並直接更名為 Siam Discovery，於 2016 年 5 月底正式對外營業。對於不喜歡逛街的男性朋友們來說，這裡一定會讓你對逛街印象大為改觀！

Siam Discovery 位於曼谷最熱鬧的 Siam 商圈，商場外觀科技感十足，整棟建築以純白為基底來打造，添加數位科技化及未來感元素，尤其是採用完全開放式的空間設計，讓整個樓層更顯寬闊，走在裡面完全沒有一絲壓迫感。在和隔壁 Siam Center 之間的戶外廣場上，更擺放變形金剛助陣，非常醒目。

A | B
　 | C

A Siam Discovery 外觀科技感十足
B 陳列鞋子的擺設十分吸睛
C 名稱反應商城的本質與定位

這裡的吉祥物是個方頭大臉的小子，被稱為 Explorer，在百貨入口處，甚至是各個角落都可看到他的身影。希望遊客可以跟著 Explorer 一起深入探索，體驗全新的商場。

商場共有 7 層。G 樓 Her Lab 女性時尚潮流與服飾有女鞋部門、休閒鞋和包包等配件，在陳列商品上完全是藝術與商品的完美結合。Dressing Room 讓電腦從不同風格的服飾中，為你挑選出最適合你的衣服，再由專人打造專屬你的個人時尚造型。日本名牌三宅一生第一家日本以外的旗艦店，就設在這裡（有男裝和女裝）。

M 樓 His Lab 男士精品服飾與 GALERIE ADLER 藝廊，引進許多日本品牌，在泰國獨家販售。來自法國巴黎的 GALERIE ADLER 藝廊，展出東西方傑出的當代藝術家作品，極具創意。Siam Discovery 內

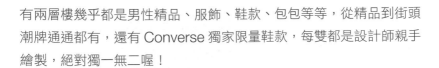

有兩層樓幾乎都是男性精品、服飾、鞋款、包包等等，從精品到街頭潮牌通通都有，還有 Converse 獨家限量鞋款，每雙都是設計師親手繪製，絕對獨一無二喔！

1 樓 Street Lab 街頭時尚新潮流，除了進駐許多運動休閒品牌，還可以訂做一件專屬自己的牛仔褲。CAZH 是泰國設計師品牌，你可以挑選版型、布料、釦子材質等，依照自己的構思打造。客製化牛仔褲價格從 6,900 ～ 10,500 泰銖，鞋子也可以訂製。太陽眼鏡及手錶展示區，看似懸掛在半空中，設計感十足，增添許多摩登味。

2 樓 Digital Lab 數位創意時代，日本生活雜貨品牌 Loft 在此設櫃，商品是直接由日本進口。具未來感的 3C 產品展示區的商品絕大多數都可試用、試聽，就連電動雙輪平衡車也能試玩。O.D.S（Objects of Desire Store）收集超過 130 個泰國當地的設計師品牌，還有 habitat、HAY、Tom Dixon and Cartel 等其他國際時尚家居品牌。

A │ B C

A 以科技與零隔間設計的商場
B 商場外的泰拳表演活動舞台
C 主廚傑米・奧利佛（Jamie Oliver）也在此設店

3 樓 CAFÉ NOW by Propaganda 咖啡廳走工業風，打造成一間白色的實驗室。餐廳曾入選為全球五十大最佳餐聽，提供咖啡與蛋糕類點心，也有泰式料理。Billboard Café 由世界知名的音樂雜誌《Billboard》所開設，是全球第一間。

4 樓 Play Lab 娛樂互動分享，在 TOYS STATION 可以找到電影經典角色及 NBA 知名球星的公仔，還可以玩線上遊戲。泰國第一家杜莎夫人蠟像館 Madame Tussauds 也在這裡（售票處在 G 樓）。My IG Wall 只要將手機放在指定的圈圈內，就會把你 Instagram 中的照片投射到對面的超大 LED 螢幕，公開與大家分享自己生活點滴，也呼應 Siam Discover 的創辦理念「come play with us」。5、6 樓則是 Virgin Active Fitness 健身中心。

🏛 989 Rama I Road, Pathumwan, Bangkok
🚇 搭乘 BTS 至 Siam 站 1 號出口，或 National Stadium 站 3 號出口
📞 +66-2-658-1000(-19)
🕐 10:00~22:00
🌐 www.siamdiscovery.co.th、www.facebook.com/siamdiscovery

Terminal 21

機場航廈設計，逛街宛如環遊世界

Terminal 21 以機場航廈為架構，樓層以不同國家的獨特性為主要規劃。LG 樓是 Caribbean（加勒比海）、G 樓是 Rome（羅馬）、M 樓是 Paris（巴黎）、1 樓是 Tokyo（東京）、2 樓是 London（倫敦）、3 樓是 Istanbul（伊斯坦堡）、4 樓是 San Francisco（舊金山）、5 樓是 San Francisco Pier 21（舊金山 21 號碼頭）、6 樓的電影院則是仿 Hollywood（舊金山好萊塢）的中國城。在這裡繞一圈，猶如一趟環遊世界般的小旅行，增添許多逛街的樂趣。

除了有占地寬廣的 H&M、Nike、Victoria's Secret 及當地設計師品牌服飾外，地下 1 樓還有 Boots，消費滿 2,000 泰銖就可以現場辦

A　B C
　　D

A 商城的格局極具世界觀
B 手扶梯的盡頭像海關入口
C Terminal 21 的外觀
D SWENSEN's 双聖冰淇淋在這裡超便宜

理退稅（如果有需要購買，在這裡會比在機場買便宜許多）。另外，這裡的小老闆海苔專賣店，什麼口味都有喔！海苔捲三包 150 泰銖，有章魚、芥末、BBQ、酸辣蝦湯口味。而我最喜歡手標泰式奶茶，逛累的時候，來杯冰涼的泰奶，香濃又消暑，感覺好幸福！超市賣的烤肉串也很美味，好吃又不貴。

逛餓了，也可以到美食街 Pier 21 用餐，先到服務台儲值後，服務人員會給你一張卡，拿卡到店家點餐，從中扣款。用餐完畢後，再去櫃台退回裡面的餘額，可以省去店家收錢、找錢的麻煩。我非常推薦這裡的美食街，因為價位和路邊攤差不多，卻是百貨公司美食街的用餐環境，真的是物超所值。在這裡一餐的麵或飯，售價約在 35 ～ 85 泰銖之間，在台北的話，至少得上百元呢！

這裡也嘗得到朋友最愛吃的泰國炸雞，外皮超級酥脆，內在非常多汁，到泰國旅遊時，幾乎天天都要來隻炸雞腿才肯罷休；我喜歡吃這裡的芒果糯米，一份 35 泰銖，是我最愛的泰式甜點之一。連鎖火鍋店 MK 在這裡也有設店。

到 Terminal 21，一定要參觀的還有每樓層的廁所，因為每層都有不同的主題，非常特別且漂亮。Istanbul 區的廁所有阿拉伯式的拱門，天花板上則掛著伊斯蘭式的燈飾，很有阿拉伯風情。London 區的廁所走的是英國地鐵風。Rome 區有個大燈塔，是拍照的好背景，廁所

A   D E

B C

A 美食街的東西便宜又好吃
B 到處都是拍照的好景點
C 香港的添好運在這裡也有設店
D 在這裡怎麼逛都不膩
E 看到招財貓就知道日本區在這裡

有獅子頭造型的水龍頭，十分可愛。但我還是建議讀者們以你想做的事情為優先，廁所等有需要的時候再去使用兼參觀就可以了！畢竟這裡每樓有 2 間廁所，6 層樓共有 12 間，走完一圈應該也累了吧！如果下次有更多時間，再來慢慢走，感受設計師在打造廁所時的用心！

🏛 2,88 Sukhumvit 19 Sukhumvit Road. North Klongtoei, Wattana, Bangkok

🚌 搭乘 BTS 至 Asok 站 1 號出口，或搭乘 MRT 至 Sukhumvit 站 3 號出口

☎ +66-2-108-0888

🕐 10:00~22:00

🌐 www.terminal21.co.th

Siam Square

年輕人聚集地，曼谷版西門町

有曼谷版西門町之稱的 Siam Square，是泰國年輕人最喜愛聚集的地方，不僅有許多服飾、配件、鞋子、包包等店家進駐，還有很多美食餐廳，走累了更有腳底按摩店可以舒壓，怎麼能不去逛逛呢！

Siam Square 位於 Rama1 路與 Soi Chula long64 之間，在 Soi1 至 Soi7 巷間，既好找又好逛。非制式化的動線，讓你邊走邊挖寶。為了和鄰近的百貨商場作出區隔，這裡沒有國際大品牌進駐，以年輕化與豐富餐飲選擇為主。因為是開放式空間設計，室外走道部分並沒有空調，為此刻意多種植些綠色植物增加涼爽感。因為最貼近泰國年

A B
C

A Siam Square one 外觀
B 附近的街道車水馬龍,十分熱鬧
C 這裡是戲劇常來取景之地

輕人的生活,這裡也成為電影、電視劇喜歡的取景地點,例如《暹羅
之戀》。

這裡有許多自創品牌,休閒服飾、時尚洋裝、新穎小禮服,價格都比
台灣便宜,被形容為購物天堂。女性鞋子控同胞們,來這裡請記得
帶上隨身行李箱。這不誇張,我的女性朋友每次一個人總會買個4、
5雙,用登機箱裝兩個人的戰利品剛好塞滿滿,而且逛街的時候輪流
拿,比較不會累。

這裡以個性化的創意小舖吸引年輕族群，商場規劃也很活潑，完全符合年輕人的風格與需求，價位也合理，是很好逛的地方。開幕後人氣最旺的是號稱東南亞第一間 Hello Kitty House，每天大排長龍，人潮絡繹不絕呢！這裡有家拍立得相機專賣店，陳列的相機色彩繽紛粉嫩，看了好心動啊！還有許多包包專賣店，也可以從中找到唯一且具特色的款式喔！在 Siam Soi1 的 EVEANDBOY，是泰國年輕人最喜歡逛的美妝保養品店，價格比一般百貨都便宜外，還常常有促銷折扣的優惠活動。

以往暹羅廣場一帶，入夜後攤販聚集，曼谷市政廳（BMA）為解決入夜後擁擠問題，將鄰近 BTS National Stadium 站快速道路下方設為新的擺攤地點，已經在 2016 年 8 月份完全搬遷完畢。Siam Square 每逢假期晚上，在廣場會有樂團表演，非常熱鬧。

逛累了，就到旁邊的按摩店放鬆舒壓後再繼續；走餓了可以找一家

C D

A B

A 附近也有不少店可以逛
B 進去總有收穫
C 這裡有曼谷西門町之稱
D Hello Kitty House 是女孩子們的最愛

自己喜歡的餐廳補充體力。這裡可供選擇的餐飲太多了，有 Hard Rock Cafe、建興酒家、日本牛井連鎖店 Sukiya、日本丸龜製麵，還有當地人最愛的餐廳 Somtum-Nua、曼谷最受歡迎的甜點店 After You。

來自台灣瑞豐夜市的排隊美食沖繩酥炸大魷魚，在這裡也一樣大受歡迎。老闆堅持現炸，保有外表酥脆、內裡軟嫩多汁的口感，是最受歡迎的外帶攤位之一。手搖杯冷飲店都可 CoCo，在這裡也有店面！另外還有日式冰淇淋 SATO SOFT、韓國冰淇淋店 CAFÉ ABOONG、芒果甜點專賣店 Mango Tango 和 Yellow Dellow Dessert 等等。

雖然這裡的營業時間寫早上 10 點開始，基本上多數店家在 10 點半才開門。所以不用緊張，可以輕鬆悠閒慢慢來。

🚇 搭乘 BTS 至 Siam 站 4 號出口
📞 +66-2-255-9999
🕐 10:00 - 22:00

Asiatique The Riverfront

怎麼拍都漂亮，曼谷最大河濱碼頭夜市

雖然名為夜市，但裡面的店家規格與銷售物品都有台北東區服飾店的水準，所以千萬不要因為夜市二字就對它心存偏見喔！

Asiatique The Riverfront 在百年前原本是泰國重要的運輸港口，隨著環境變遷而逐漸沒落，經泰國政府重新規劃改建，為老舊的碼頭注入現代感的設計，並適度保留舊建築的遺跡後，成為曼谷最大、最豪華的觀光夜市。2012 年 5 月正式開幕，由 10 個貨倉改建而成，分為四大區，從傳統的泰國服飾、原創設計、美食、酒吧，到遊玩設施，一應俱全。

夜市內有個閃閃發亮的超大摩天輪 Asiatique Sky，是在開幕後建造完成的，如今已成為新地標，這是我非常推薦的景點。票價部分，成人 250 泰銖、兒童 150 泰銖。這裡還規劃了免費的接駁船，從上船

A | B C
A 在夜市的地標摩天輪 Asiatique Sky 前拍照超美
B 商場夜市懸掛世界各國的國旗，整排看起來相當壯觀，也很國際化
C 擦肩而過的遊客來自世界各地，是非常特別的體驗

開始，就可以享受攝影的樂趣，喜愛拍照的讀者們，一定要去。船程時間約 10 ～ 15 分鐘，傍晚時分搭船前往，沿途可以欣賞昭披耶河（Chao Phraya River）兩岸的景致。

這裡有點像商店街，店家陳列商品的功力不亞於高級服飾店，價格相對稍微高一點。不過來到泰國逛街有個好處，那就是隨時可以當武林高手，到處殺、殺、殺！長達 300 公尺的河岸走廊四處都有小酒吧、各國風味餐廳及新奇有趣的店家，除了吃飯、逛街、喝酒，還有得玩，包括射飛鏢、玩彈珠、玩套圈，讓你一點都不無聊！

1 ～ 4 號倉，有近千家各式服裝店；5 ～ 6 號倉，是原創設計師的品牌及啤酒區；7 ～ 10 號倉，則以潮流品牌及配件為主。雖然價格比週末市集高出一點點，但在涼爽的環境下購物，價格高一點還可以接受。國人最愛的 NaRaYa 曼谷包在這裡開了一間占地頗大的分店，不用專程到 Central World 購買，Asiatique The Riverfront 就能讓你買到不少伴手禮，而且價格並不曾比較貴。有家客製化的店家「Don't Forget」在第三倉庫區域，客製化護照套一個只要 159 泰

A
B

A 有很多餐廳可供選擇
B 免費接駁交通船要排左邊紅色的位置

銖，皮鑰匙彩環100泰銖、長夾199泰銖，價格親民，很值得去看看。

如果不想購物，來這裡吃晚餐、河邊散步，也是一大享受。這裡有超過 40 家國際連鎖餐廳可供挑選。連鎖速食店肯德基在這裡的格局也非常與眾不同。

🏛 2194 Charoen Krung Road, Wat Phraya Krai, Bang Kho Laem, Bangkok
🚌 搭乘 BTS 至 Saphan Taksin 站 2 號出口，往碼頭方向前進，再轉搭免費接駁交通船
📞 +66-2-108-4488
🕐 17:00~24:00

Dinosaur Planet

失落的侏儸紀世界，親子同遊新樂園

電影《侏儸紀公園》（Jurassic Park），至今仍是最經典的電影之一。The EM District 聯合 FWR 共同策劃打造的泰國首座「Dinosaur Planet」（恐龍星球樂園），已於 2016 年 3 月 25 日起正式開放，預計 2017 年 2 月底就會搬遷，想要置身侏儸紀公園要趁快！

樂園共分為八區，包括七個主題遊樂和一個美食餐廳區。我最喜歡 Raptor-Treme 極限遊戲，在進去前會先播放一段影片講解內容及任務，你得在 4 分鐘內找到鑰匙開門逃出來，否則就有跟真實大小一樣的恐龍跑出來追你。整個過程有夠刺激、驚險，跑給恐龍追的感覺非常有趣呢（很奇怪，明明就知道這裡的恐龍都是假的，但每個人就是都會賣命的尖叫、狂奔）！

此外，有介紹恐龍的知識區 Dinosaur District，搭乘摩天輪看恐龍的 Dino Eye，4D Deep World 則是體驗地下探索。Stars Of Dino 恐龍大明星，很適合帶小朋友一起來走走、拍照。這區的恐龍雖然固定在草叢中，但頭和尾巴卻會搖晃擺動，很多小朋友看到都會超開心。Dinosaur Distric 是恐龍進化展覽區，在恐龍行星有中文字幕影片，介紹恐龍。恐龍蛋實驗室介紹不同的蛋與孵化過程，還有個有趣的小節目穿插其中（在這裡就不拆穿了）。恐龍騎乘區 Dino Farm，騎一圈約 10 分鐘，費用是 100 泰銖。騎恐龍看似簡單，小朋友們必須靠自己的手操控讓恐龍前進，比一般投錢的電動玩具有趣許多喔！

A   D E
B C   F

A 恐龍模型很吸引人
B 恐龍星球招牌
C 可以搭摩天輪看恐龍
D 這裡有各類不同的恐龍標誌
E 恐龍蛋實驗室
F 恐龍知識區

Restaurant & Gift Shop 餐廳推出恐龍蛋漢堡、恐龍甜甜圈、恐龍造型麵包等創意餐點，滿足恐龍迷。除此之外，餐廳也賣海南雞飯、咖哩蛋包飯、雞腿套餐等。禮品小舖販售許多周邊商品，有玩偶、書本、拼圖、馬克杯、衣服、帽子、鑰匙圈等等。其中衣服跟鑰匙圈較為平價，衣服約 300 泰銖左右，鑰匙圈是 39 泰銖。

🏛 544/1 Sukhumvit Road, Khwaeng Khlong Tan, Khlong Toei, Bangkok

🚗 搭乘 BTS 至 Phrom Phong 站 5 號出口，走路約 5 分鐘

📞 +66-63-167-6975

🕐 10:00~22:00

📶 www.dinosaurplanet.net/en

🎫 門票成人 600 泰銖，兒童 400 泰銖

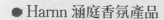

超夯！遊泰必買 TOP10

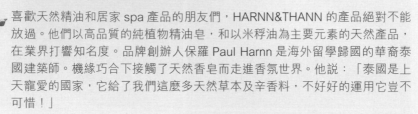

● Harnn 涵庭香氛產品

喜歡天然精油和居家 spa 產品的朋友們，HARNN&THANN 的產品絕對不能放過。他們以高品質的純植物精油皂，和以米秄油為主要元素的天然產品，在業界打響知名度。品牌創辦人保羅 Paul Harnn 是海外留學歸國的華裔泰國建築師。機緣巧合下接觸了天然香皂而走進香氛世界。他説：「泰國是上天寵愛的國家，它給了我們這麼多天然草本及辛香料，不好好的運用它豈不可惜！」

2003 年 HARNN & THANN 在日本大放異彩，贏得日本工業設計促進協會的優良設計大賞。目前全世界有超過 30 個國家都看得到他們的產品，在台灣的一些百貨公司也有專櫃喔（台灣售價不算低）！

我覺得這兩個牌子的東西都很不錯，如果有在使用香氛產品，可以試試。店家點的薰香錠，也不錯用。一顆約 1 公分大小的錠狀，在薰香臺上點火，上面直接加這個即可，不用加水，非常耐用，有多種香味可供選擇（可以請服務人員點給妳試聞）。THANN 的櫃位上陳列了銷售排行榜，貼心的為顧客提供最實用的訊息。

●NaRaYa 曼谷包

NaRaYa 曼谷包已經紅遍全世界，因為價格便宜，而且送禮自用兩相宜，幾乎是每個到泰國的旅客必買的伴手禮！基本上每種花色都有全系列的產品，但由於銷路太好，有些花色會找不齊。到了泰國，當然不能錯過便宜又具代表性的曼谷包，而且各大百貨公司和商場都有分店。

●小老闆海苔

超高人氣伴手禮，在台灣也買得到喔！不過要買到限定口味還是得跑一趟泰國！這裡有酸辣蝦湯、天婦羅、泡菜、咖哩螃蟹外，還有最近推出的起司口味。

●Jim Thompson 泰絲

Jim Thompson 的泰絲是泰國最有名的，以獨特的手工、設計和行銷手法，讓細滑柔順的泰絲形成一股風潮，成為時尚界的寵兒，成就 JT 今日全球最大手工絲及高級絲的品牌地位。JT 的泰絲製品多樣，領帶、披肩、絲巾、化妝包、手帕，和男女流行服飾，色彩鮮豔、質料柔軟、車工精細，值得擁有。

●Bento 超味魷魚

超味魷魚有 3 種包裝：紅色、藍色、橘色。紅色是甜辣口味；藍色有濃濃的蒜香味；橘色則以紅辣椒調味（最辣）。

●泰式鹹酥雞餅乾

每次看到泰式鹹酥雞餅乾都有一種移情作用，怕吃鹹酥雞太燥熱、上火，就改吃餅乾來彌補嘴巴的慾望。餅乾非常好吃，如果搭配一杯冰涼香甜的泰奶，那真是幸福到飛起來了！

●星巴客咖啡杯

星巴克在全球都有分店，星迷們最喜歡收藏的咖啡杯也依著各國特色，製造出值得收藏的星巴克專屬咖啡杯。泰國的咖啡杯圖案上除了有當地民俗風之外，就連芭達雅等離島，也有專屬咖啡杯和隨手杯。尤其是海洋風的造型，色彩明亮，特別迷人。

●Rinbee 爆爆玉米球

爆爆玉米球我絕對不能藏私，因為吃過一次我就深深愛上它。不管何時何地，只要打開包裝，你一定會吃光光的零食。

●手標紅茶

喜歡喝泰式奶茶的朋友，手標紅茶是你回國後，想要喝到口味一模一樣泰奶的唯一選擇。因為許多泰國的飲料店都是使用這品牌的紅茶煮出來的。濃濃的熱紅茶，加上煉乳和冰塊，就是一杯冰涼好喝的泰奶了！

● 辣檸檬乾

大家都在說要吃原形食物才健康，辣檸檬乾就是其中一種。整片檸檬烘乾，加上些微辣椒粉調味，當你吃飽飯，感覺有點撐的時候，吃幾片，絕對會被它的獨特美味吸引。

TIPS 泰國購物殺價撇步大公開

大型購物中心：因為有開發票的，所以基本上不二價！

一般路邊攤：首先要判斷價位是否比台灣還貴出很多，如果是就要狠狠給它砍下去，對方不給殺價就搖頭走人。如果店家願意把你拉回來再商量，表示老闆敲你竹槓，還有砍價空間！但若價格已經比台灣便宜很多，就不要像一般無知觀光客從 5 折砍起。這裡不是峇里島！比方說 180 泰銖的 T 恤，我頂多砍到 150 泰銖，不會白目的砍到 100 泰銖以下，否則店家只會翻白眼給你看！

水門市場：如果是在水門批發市場買東西，通常一個店面買 3 件不同以上的物品，就可以拿到批發價（有的店家只要買兩件，有的要四件，各家要求个一）！批發價和只買一件的價格大約差在 3 成左右！

Chapter 3
美味餐館

跟著玩樂主播享受曼谷好食光
Eating in Bangkok

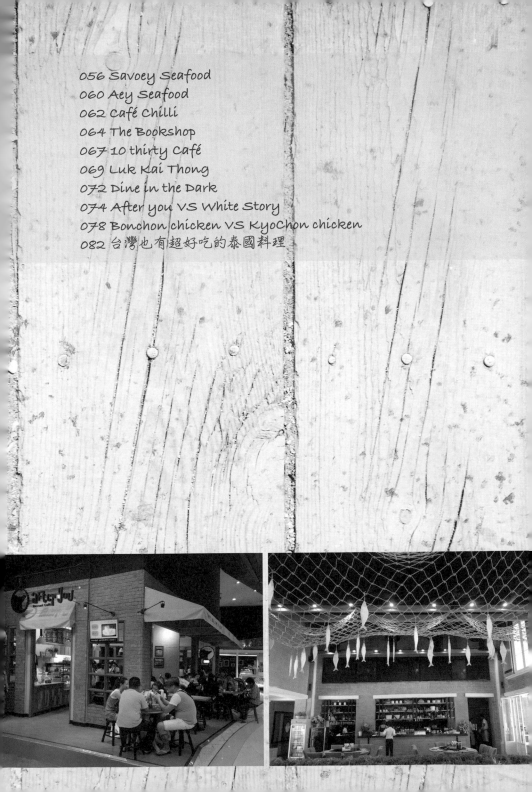

Savoey Seafood
曼谷最佳連鎖海鮮餐廳

這幾年，Savoey Seafood（尚味海鮮）突然成為國人前往曼谷自助旅遊的必吃餐廳，有的人甚至在網路上給它「咖哩螃蟹比建興酒家好吃」的超優評語。事實究竟如何，讓我來仔細介紹、說明。

Savoey Seafood 創立於 1972 年，在第二代接手後，已由傳統經營模式轉為現代化的海鮮餐廳，是泰國當地人最喜愛的餐廳之一。這裡的用餐環境相當舒適，和傳統好吃的餐廳格局非常不同，完全是百貨公司的規格，挑高、明亮、寬敞（只是桌距有點近），客滿是常有的事，事先訂位還是比較保險。

Savoey Seafood 在曼谷有多家分店，但我最推薦 Savoey Sukhumvit

A　B C　A 超美味的咖哩螃蟹
　　 D　B 我很喜歡的招牌鳳梨炒飯
　　　　C 泰式春捲
　　　　D 招牌烤鴨也是很推薦的一道（照片均由 Savoey Seafood 提供）

26 分店，因為這裡是所有分店當中設備與格局最舒適、豪華的一家。
這裡廣用落地窗，窗明几淨，加上挑高的天花板，更顯明亮寬敞，並
備有大圓桌可供宴客使用，與方桌區隔開來。另外一區以花園溫室為
裝潢主題，四周以白色框架玻璃，天花板使用強化玻璃，並擺設綠色
植物作為裝飾，讓消費者有在大自然環境氛圍下用餐的新鮮感受。

這裡的海鮮價位，有 8 成以上在 200 ～ 300 多泰銖，如果不點特別
貴的海鮮，平均一人一餐的費用約 300 ～ 400 泰銖（不含飲料），

跟在台北吃海鮮的消費相較，真的非常超值。

最受歡迎的菜色有招牌鳳梨炒飯。在炒飯上放滿白色碎蟹肉、肉鬆及大蝦仁，讓人每一口飯都吃得很充實。清蒸檸檬花枝是用整隻花枝做成，口感軟嫩，料多味美。南薑椰奶雞湯則是不喜歡太辣口味者的最佳選擇，用南薑與椰奶的香氣將原本無味的雞胸肉煮成下飯的泰式湯品，至少會讓人多吃一碗飯而不自知。

魚露炸鱸魚是很多原本對魚料理沒啥興趣的朋友們最驚豔的一道料理，將整條魚對剖攤開，高溫炸成酥酥脆脆的口感，搭配店家特製的醬汁，吃完後絕對吮指難忘。黑胡椒炒活螃蟹完全讓人懾服於廚師的巧手，食材新鮮之外，黑胡椒醬汁的調配比例剛好，沒吃光是絕不罷手的。

Eating in Bangkok

A B C
D

A Sukhumvit 26 分店外觀
B 清蒸鱸魚好鮮美
C 彷彿在溫室花園中漫步
D 甜點和飲料都好美味
（照片均由 Savoey Seafood 提供）

清蒸鱸魚上菜時，在鐵盤裡是完整的一條魚，同時還會送上一碗湯汁，服務生說那是等鐵盤裡的湯汁被吃掉後補充用的，這樣就可以讓魚一直保持在很 juicy 的狀態。店家的貼心，從幾個小地方就可以感受到，這也就是我為什麼力推這裡的道理了！咖哩螃蟹、奶油大河蝦、金錢蝦餅等，都十分美味。

這裡的甜點也相當值得一試，用泰國甜點食材芋圓加上冰淇淋、鮮奶油，口感相當特別。我還吃過仙草凍加冰淇淋、脆笛酥，淋上黑咖啡，聞起來是濃濃的咖啡香，在嘴裡卻滲出淡淡的仙草香氣，非常特別的組合。

🏛 120/4 Soi Sukhumvit 26, Klongton, Klongtoey, Bangkok
🚌 搭乘 BTS 至 Phrom Phong 站，出站後步行或轉車至 Sukhumvit 26 巷
📞 +66-2-074-62
📶 www.savoey.co.th

Aey Seafood

路邊攤的門面，星級的餐點口感

五年前在泰國朋友的引領下，首次來到位於朱拉隆功大學附近的餐廳 Aey Seafood，品嘗到沒有英文招牌、沒有裝潢，完全是夜市等級的泰式海鮮。

朱拉隆功大學就好比我們的台灣大學，在泰國是第一志願的學府。在大學旁的巷弄內有個朱拉夜市，一般觀光客鮮少知道這個夜市，因為它不像桑崙夜市這麼大型，只能稱得上是 local 級的小規模夜市。但這裡因為學生多，東西的價位平均比其他地方便宜，是只有內行人才知道的好地方。

A 帶朋友來這裡用餐，個個都笑得好開心
B 黑胡椒蝦粉絲煲好吃
C 魚露炸魚連平常不吃魚的人都讚不絕口
D 路邊攤的門面
E 店裡永遠都高朋滿座

AB　DE
　C

從第一次來到 Aey Seafood 至今,我帶過上百位朋友來嘗鮮,保證你吃過後一定會推薦給好朋友,因為好東西就要跟好朋友分享啊!這裡的菜單全部都是泰文,如果讀者想要嘗到好吃又平價的泰式美食,來之前最好先學會基本的點菜用泰文,或是採用最簡便的方法,請一位懂泰文又會中文(或英文)的當地朋友帶你來,會更好喔!

來這裡必點的招牌菜有魚露炸魚、黑胡椒蝦粉絲煲、蝦醬空心菜、辣炒空心菜、現烤泰國大頭活蝦、泰國蟳炒咖哩等。在建興酒家吃現烤泰國大頭活蝦,每公斤至少上千元,在這裡卻只賣 480 泰銖,真的是俗又大碗!泰國蟳炒咖哩是泰國菜裡名菜中的名菜,用咖哩、蛋黃和活螃蟹等十多種食材,一起簡單拌炒而成。每次點一盤咖哩炒蟹,都讓我配好多碗白飯,完全顧不得體重這個問題。

個人特別推薦魚露炸魚,這道菜連平常不吃魚的朋友都會吃得很忘我,我有位外號叫鴨子的朋友,平常不吃魚的,那天吃飯的時候甚至把炸到酥脆的魚骨頭都一起吃光光,你知道有多歐伊細了吧!黑胡椒蝦粉絲煲用黑胡椒、豬油、韭菜一起烹煮,香氣四溢,口味剛好。一般在台灣吃粉絲煲,通常味道都偏淡,但是 Aey Seafood 這裡真是一絕,好吃得不得了!就連空心菜吃起來都很清脆,咬下去都會發出咖滋咖滋的聲音,感覺很爽喔!

🏛 Chulalongkorn Soi 20 Bangkok
🚌 搭乘 BTS 至 National Stadium 站,或搭乘 MRT 至 Hua Lamphong 站後,轉搭計程車(在 Prathatthong 路和 Jula 20 巷交叉口附近)
📞 +66-81-619-1924
🕐 18:00~23:30

Café Chilli

必吃泰式避風塘花枝、豬肉丸子小火鍋

Café Chilli 的名字十分洋化，店裡賣的卻是道地的泰式料理，而且口味以東北菜色為主，和寮國菜一樣喜歡添加青檸汁提味、解油膩。對於喜愛偏辣口味的泰式料理饕客而言，這裡絕對是個好選擇。

泰國菜的特色在於酸、辣、鹹、甜、苦五種味道的調配，以鹹、辣、酸為主，帶點甜味，苦味隱藏在其後。店內的菜色特點在於調味料都是現場製作，開胃菜青木瓜沙拉的調味醬汁，正是由廚師在櫃台後面直接將食材搗碎、拌入。新鮮是這裡的最大特色之一。我多次造訪這裡，吃過好幾回開胃菜青木瓜沙拉，也嘗過涼拌玉米粒。兩種都超好吃，很爽口，吃過之後保證胃口大開。

以東北菜為主的餐廳裡，運用各類調味料烹煮出讓你試過後念念不忘的好口味。其中烤豬頸肉、打拋肉、泰式春捲、泰式烤雞配糯米飯、泰式炸雞翅、酥炸軟殼蟹沙拉、泰式避風塘花枝、泰式烤魚、香煎帶子沙拉等，都令人吮指難忘。

A Café Chilli 的用餐環境
B 這裡的泰式料理都很道地
C 避風塘花枝是我的最愛
D 餐廳一隅
E 烤豬頸肉也是這裡的必點菜色

AB DE
 C

我最喜歡泰式避風塘花枝和豬肉丸子火鍋。香煎帶子沙拉，帶子新鮮，煎的剛剛好，搭配混合泰式沙拉醬汁的蔬菜，真的非常可口。打拋肉嘗起來有點酸酸辣辣，除了絞肉之外，還有蟹肉、粉絲、辣椒、洋蔥、蔥段，比在台灣吃的打拋肉層次豐富又好吃許多。泰式酸辣湯看起來表面紅油很多，感覺應該很辣、很油膩，但吃起來一點也不刺激，好吃極了！

現烤豬頸肉也是朋友們的最愛，不知道廚師是怎麼掌控火侯，嘗起來表皮不會過焦，肉的口感也軟硬適中，搭配美味的醬汁，想要不吃都難！泰式奶茶與特調果汁也都很美味呢。這裡的水要另外收費，每瓶25 泰銖。

🏛 8F EmQuartier, 693,695 Sukhumvit Road, Bangkok
🚇 搭乘 BTS 至 Siam 站下車，往 EmQuartier 方向
📞 +66-2-610-9877
🕐 11:00~22:00
🌐 www.cafechilli.com

The Bookshop

華麗設計，哈利波特魔法移動書店餐廳

如果你也是喜歡嘗鮮的人，那一定得到 The Bookshop 親自感受置身在魔法世界裡的奇妙感受，想像哈利波特就是你的同學，而你自己還不清楚誰才是不懂法術的麻瓜。

The Bookshop 位於高級住宅區 ASHTON 的 1 樓，從 BTS Thong Lo 站 4 號出口往 Sukhumvit Soi 38 走，會看見巷口有很多小吃攤，沿著巷子會經過二個非常大的木門，聽當地朋友介紹是 GMM 老闆的住家。走到這裡就可以看到 MORPH38 及 The Bookshop 的招牌。

進門後，有點像來到歐洲小鎮，店內的空間不大，挑高的空間，加上漂浮在半空中的各類書本、書櫃，以及充滿曲線的設計，整個人就像

A B ｜ C D
A 千萬不要忘記拍下幾張漂亮的照片
B 不方正的樓梯與書櫃，店內以圓弧曲線為
主要結構
C The Bookshop 位於高級住宅區 ASHTON 的
一樓
D 店內菜單

來到霍格華茲的大廳（圖書館）。裡頭的機關讓書本上下移動，看起來就像被施魔法，感覺哈利波特就在身邊，實在太有趣了！

坐在沙發上，看著店家為你準備的舊舊原文書，來杯這裡的特調飲料，再看看飛舞在半空中的書本，我敢保證來這家餐廳將是一次難忘的經驗。

設計者是澳洲的女企業家 Ashley Sutton，已經在泰國打造了「Iron Fairies」、「Fat Gutz」、「Clouds」等風格獨特的酒吧。The Bookshop 是她在 2012 年底的作品，據說她的靈感來自於沉入水中的圖書館概念，因此所有書本、書櫃及樓梯都飄浮在水中。

這裡很適合坐下來喝杯飲料，體驗慢活。有泰式餐點、義式餐點和各類調酒，以及店家自行研發的創意菜色、飲料、雞尾酒，想吃什麼都行。Virgin Mixberry Mojito 只要 120 泰銖，Banana Smoothy（香蕉冰沙）也是 120 泰銖，果汁裡加入了新鮮莓果和蘇打水、清新薄

在這裡可以感受到哈利波特的魔法世界

荷葉，口感挺好！

餐點也很好吃，Butternut squash risotto（胡南瓜燉飯）350 泰銖，
這道菜由胡南瓜蒸熟後加入鮮奶油燉煮，搭配烤過的磨菇和松露油，
每口飯都有濃濃的香氣，非常好吃。Prawn penne（鮮蝦筆尖麵）
290 泰銖，用粉紅伏特加醬搭配其他食材烹煮，有別於一般的白醬、
青醬或紅醬口味，十分特別。

🏛 G/F, Ashton Condominium, Sukhumvit Soi 38, Bangkok
🚍 搭乘 BTS 至 Thong Lo 站 4 號出口，往 Sukhumvit Soi 38 走
📞 +66-2-187-4949
🕐 11:00~24:00
🌐 www.the-bookshop.com、facebook.com/thebookshop38

10 thirty café
傳說中的男模咖啡廳

主播
直擊

live 秀

在 Major Ratchayothin 對面的 10 thirty café，自從開幕以來，幾乎每天高朋滿座，短短一年不到已經開了分店，泰國小鮮肉男模的魅力果然無人能擋。

這家咖啡廳我已經帶不同的朋友造訪過數回，幾乎每個女性朋友都是心滿意足地帶著笑容、滿心不捨地離開。因為這裡的吧台服務人員，每個都是廣告中的帥氣男模，嘴裡吃著美食，眼睛也同時吃冰淇淋，只需付餐飲的費用，卻有雙重享受，當然是物超所值呀！

我用錄影模式介紹這家店，吧台裡的三位帥氣男模都是股東，其中的 Marion 今年 27 歲，年紀輕輕已經是老闆。當天跟我前往的女性朋

這家店的老闆都是男模，他們共同創業，輪流排班，一起經營這家咖啡廳

A B C　A 帥氣的男模正在吧台忙碌著
　　　　B 包有起司的金錢蝦餅嘗起來很特別
　　　　C 店內最有名的彩虹蛋糕

友個個露出渴望靠近的眼神，於是我藉機請 Marion 拿他推薦的檸檬茶餵我朋友喝（順便拍照），朋友開心得笑了一整天呢！

10 thirty café 最有名的彩虹蛋糕、檸檬茶、Flat White、現烤鬆餅、Long black、Iced cappuccino，是下午茶的好選擇。我個人偏愛金錢蝦餅，因為裡面有起司，嘗起來非常特別。這裡還有個特別吸引我的小地方，那就是店家將糖漿放在針筒內，感覺挺有意思。餐點價位在 100 ～ 160 泰銖之間，用餐環境寬敞，老闆親切、顏值又高，是下午茶的新世界。

提醒讀者們要來看男模之前，可以先上他們的 Facebook，裡面會有每週排班的男模照片與個人資料，如果你有特別喜愛的男模，不妨等他在餐廳的時候再造訪。在餐廳裡可以盡情拍照，如果老闆不忙，你也可以大方地邀請他出來跟你拍張合照，他們通常都會樂意答應。店裡也販售相關周邊產品，看得出來這些泰國男模真的很有生意頭腦。

🏢 2F Meeting Point Paholyothin, Bangkok
🚇 搭乘 MRT 至 Paholyothin 站 3 號出口，往 Central Plaza Lad Prao，
　　換搭計程車，10 分鐘之內就可到達
📞 +66-2-939-4467、+66-99-760-5911
🕐 10:30~03:30
📶 facebook.com/10thirtycafe

Luk Kai Thong

坐在鳥籠內用餐，好吃有特色

一般人聽到金雞餐廳可能會聯想到吳君如主演的電影《金雞》，其實這二者間一點關係都沒有。聽說店名的由來是因為老闆的父親屬雞，所以家人都視雞為吉祥物，因此將店名取為金雞 Luk Kai Thong。

Luk Kai Thong 在百貨公司 EmQuartier 內開了分店，於 6 樓的迴旋樓處分為兩個品牌，一邊是 Fucheer Lounge by Lukkaithong 店面，另一邊是 Lukkaithong Royal Cooking 餐廳。前者提供甜點、飲料服務，後者則是一般餐廳，有各式泰國菜可供選擇。

餐廳的桌椅都是厚實的木製品，看起來相當高貴，坐起來十分舒服。鳥籠造型的餐廳，讓客人坐在裡面用餐時，有種特別安心的感覺。這

坐在鳥籠裡用餐感覺很特別

裡和甜點店面的風格迥異，重點是食物都超好吃，而且價位中等，是值得推薦的好餐廳。

Luk Kai Thong Royal Cooking 旗下附屬冰果室 Fucheer Lounge，有道非常有名的泰式奶茶巨型剉冰 Local Sourthern Thai Tea。幾乎每一桌都有點，有五種口味：Ceylon Ikland Sri Lanka Tea（錫蘭斯里蘭卡茶）、Local Southern Thai Tea（泰式奶茶）、Emperor Oolong Tea（皇帝烏龍茶）、Popular Red Tea、Leaf Black Tea。售價皆為 295 泰銖。加上 17% 稅金後，結帳金額為 345 泰銖。

A　D E
B C　F

A 店內總是高朋滿座，一位難求
B 牆上有許多報導介紹餐廳
C 店裡的擺設直接使用雞的造型與相關物件
D 鮮蝦料理
E 涼拌前菜
F 飲料選擇也很多

泰奶剉冰的底層放了乾冰，在視覺上有加分。服務人員將泰奶剉冰端上來時，像極了一座小冰山，非常驚人，基底處還有土司塊。土司塊因吸滿冰品融化的泰式奶茶，吃起來非常濃郁有味道。但是切記，土司要最先吃完它，否則放越久水分吸得太多，口感會變得極差。這道冰品也是 Fucheer Lounge 最有名的排隊暢銷產品。

這家店的裝潢與設計非常有特色，價格合理，還可以在用餐時看到曼谷市的街景，是 EmQuartier 商場中讓人十分推薦的餐廳。

🏛 Room No. 6A 04-05, 6th Floor, The EmQuartier Department Store, No. 693, Sukhumvit Road, Klongton Nua, Wattana, Bangkok
🚗 搭乘 BTS 到 Phrom Phong 站 1 號出口，從空橋連接 EmQuartier
📞 +66-2-003-6301
🕐 10:00~22:00
🌐 www.lukkaithong.com、facebook.com/Lukkaithong9

Dine in the Dark

在黑暗中用餐的特殊經驗

介紹過太多美食，也嘗試過許多特殊餐點，但都比不上在喜來登飯店黑暗中吃過的這一餐，Dine in the Dark（在黑暗中用餐）的經驗。

DID 的概念據說源自瑞典的一位盲人，他想宴請朋友來家裡體驗盲人用餐的感受，所以用不透光的窗簾阻隔家裡所有外界的光源，讓朋友在漆黑的環境中用餐。店家希望客人來用餐的時候，能暫時關閉視覺，將所有的注意力放在味覺、嗅覺上，體驗盲人的晚餐。也給視障者一個工作機會。在這個餐廳的服務人員都是視障者，他們會引導客人們逐一進入坐下（一人搭著一人的肩膀，排隊依序前進），並仔細為你點菜。

用餐時間約 1 小時，有前菜、湯、主菜、甜點。服務人員會用英文解說有亞洲、歐式、素食及主廚推薦的菜色，只要說明自己不吃的菜，

A B C D 　　A 一進入餐廳，服務員會指引你走到位子上
　　　　　　B DID 餐廳入門處
　　　　　　C 一人搭著一人的肩膀，摸黑走進餐廳
　　　　　　D 餐廳位於喜來登飯店內（照片 A、B 由 Dine in the Dark 提供、C 由 Sheraton
Grande Sukhumvit 提供）

主廚就會避開。每人費用 1400 泰銖（不含酒精飲料）。

點餐後，客人得交出身上所有會發亮的電子器材，如手機、相機或手
錶，以免光線破壞了用餐環境。你點的菜色內容將全程不公開，等上
菜的時候自己慢慢猜、自行體驗。這也是在黑暗中用餐的另一個樂
趣。在用餐時可以雙手並用，或用餐具取用。但要有心理準備，可能
淑女進去之後也會變得很隨興，畢竟我們都不習慣閉著眼睛吃飯！

另外，也建議讀者最好不要帶年紀太大的長輩或小孩子進去，因為沒
有耐性的人，應該無法靜下心來在伸手不見五指的環境下吃飯。而且
裡頭不能拍照，要用完餐後走出餐廳，服務人員才會用 iPad 告訴你
今天吃了什麼。在用餐的過程中和同伴討論你吃到了什麼，是個有趣
而新奇的體驗喔！

這將會是你第一次聚餐，沒有人講電話、看 e-mail、聊 WhatsApp、
LINE、微信，每個人都很專心的吃飯，聊的也都是餐盤中的食物。經
歷過這次的用餐體驗，相信每個人都會更珍惜自己的眼睛。

🏛 250 Sukhumvit Road, Bangkok（Sheraton Grande Sukhumvit）
🚇 搭乘 BTS 至 Asok 站，由天橋直通
📞 +66-2-649-8358
🕐 18:30~23:00（週日、週一公休）
📶 facebook.com/DIDBangkok

After you VS White Story

當蜜糖吐司遇上奶油楓糖吐司

相信所有喜歡吃甜點、喝下午茶的讀者們,一定都聽過曼谷 After you 的蜜糖吐司,如果你還沒有試過,來到曼谷一定要找時間去品嘗一次。而除了已經開了 15 家分店的連鎖蜜糖吐司專賣店 After you 外,White Story 的奶油楓糖吐司也讓我非常驚豔,既然來到曼谷,就兩家店的吐司都試試,滿足心中蠢蠢欲動的甜點魂吧!

幾年前想在曼谷 After You 用餐,得在現場排隊至少 1 小時,現在有 15 家分店,確實可以節省不少排隊的時間。還是建議讀者事先打電話訂位,否則在商場的分店用餐,還是得排隊等候喔!

After You 主要販售蜜糖吐司、蛋糕及鬆餅等其他甜點,如果你是首次前往,建議先點 Shibuya honey toast,這是最經典也是最好吃的,

A B C　　A After you 的經典招牌蜜糖吐司
　　　　　B 餐廳裡的一角
　　　　　C 除了吐司，還有許多蛋糕可供選擇

吐司表面塗上有鹽奶油，烤得表皮酥酥脆脆，搭配冰淇淋跟奶油，吃一口就知道幸福的感覺！

配合情人節推出的經典巧克力吐司，黑巧克力吐司表面淋上熱熱的巧克力醬，上面淋點帶顆粒狀的的花生醬，配上香草冰淇淋，趁著冰淇淋融化前吃掉，這時候最美味。夏季推出的新產品是芒果糯米飯刨冰（265 泰銖），一份可以讓二、三位好友一同享用。白色的椰汁Cream，覆蓋在芒果刨冰上，上面撒些平時吃芒果糯米飯上的炸豆，每口刨冰都好好吃。挖開刨冰後，發現裡面藏著有椰奶香氣的糯米，讓人有種驚喜的感覺。

After You 有些分店是採半自助式，必須先到櫃台點餐結帳，店員再將餐點送到你的位置上。得視你前往的分店使用哪種服務方式，但不論是哪種服務，店裡都有提供免費冰茶供顧客自行取用，這點是非常貼心的服務。

至於在 EmQuartier 裡的高人氣餐廳 White Story，也有令人吃過一次就念念不忘的奶油楓糖吐司 Butter Toast。White Story 是一家義大利餐廳，在曼谷有四家分店，販售義大利麵、沙拉、披薩、泰國菜及各類麵包和甜品（價位在 200 泰銖左右）。

人氣甜點 Butter Toast 是熱賣產品，表面淋上濃稠的白色鮮奶油淋醬，旁邊有香草冰淇淋及鮮奶油，店家會附贈一小瓶咖啡色楓糖漿，先將楓糖漿倒在吐司上，再用刀叉切開食用。吐司較厚，口感軟嫩，搭配楓糖漿與鮮奶油淋醬，恰到好處，不會太乾，也不會太甜膩，吃過後會讓人念念不忘。White Story 以自製吐司現做，每天可以賣出200 份。對於喜歡麵包和甜點的朋友，Butter Toast 價位合理，是下午茶的好選擇喔！

A   D E
B C

A White Story 的外觀
B 店家強調吐司是自製的
C 外帶奶油楓糖吐司一片 95 泰銖
D 厚片吐司上淋鮮奶油搭冰淇淋,好吃極了
E 貼心附上一小瓶楓糖漿

在 EmQuartier 的 White Story 分店,空間不大,靠窗的座位卻可以看到城市景致。碰上週末熱門時段,門口都有一堆人在排隊。吃完可以順便就近逛街,也算是一舉兩得呢!

After You

🏛 7th floor Central World Plaza, Pathum Wan, Bangkok
🚍 搭乘 BTS 至 Chit Lom 站 1 號出口,由天橋進入百貨
📞 +66-2-252-5434
🕐 11:00~22:00
📶 www.afteryoudessertcafe.com、facebook.com/afteryoufanpage

White Story

🏛 651, Sukhumvit Road, Khlong Tan Nuea, Watthana, Bangkok
(EmQuartier 7F, Helix Quartier)
🚍 搭乘 BTS 至 Phrom Phong 站 1 號出口
📞 099-3213481
🕐 10:00~22:00
📶 www.thewhitestory.com

BonChon chicken VS KyoChon chicken
韓式炸雞大車拚

韓式炸雞隨著韓劇《來自星星的你》走紅亞洲，知名韓國炸雞店 BonChon chicken 和 KyoChon chicken，不約而同在泰國開設分店，店家擺明來較勁，意外造福喜愛韓式炸雞的饕客。

BonChon chicken 最早是在釜山開業，後來在美國紐澤西打響名號，並於紐約陸續開設許多分店，從美國紅回韓國。這幾年拜韓劇所賜，已經將分店開到菲律賓、中國、柬埔寨、泰國、新加坡等地，在曼谷一直是排隊美食，目前已經有 8 家分店。

「CNN 評比最美味的炸雞翅」就在 BonChon chicken，我點辣味醬汁炸雞翅，一份 6 支 150 泰銖，外皮酥脆，肉嫩多汁，而且真的

A　B C A 吃炸雞就要像我這樣直接來
　　 D B 韓式炸雞上桌時，旁邊有附一些泡
　　　　 菜與黃瓜
　　　　C 牆上的價目表
　　　　D BonChon chicken 的用餐環境

頗辣的，不嗜辣的人別輕易嘗試，店家附上泡菜與醃黃瓜，讓客人可以藉此食慾大開，一口接一口，停不下來，同時還有解膩的功能。創始老闆金勉秀對韓國炸雞非常有研究，他堅持只用植物油煎炸，並嚴格控制用油量，使炸雞內的油分被完全控制，口味酥脆可口，且不油膩。這裡的炸雞經過二次煎炸，高溫炸過後，起鍋放冷，再下鍋炸一次，保持表皮的酥脆度。

這裡的炸雞腿、雞翅有分辣與不辣兩種。韓式炒年糕是我每次必點的，在年糕上灑滿起司絲，吃起來有起司的香氣與韓式辣醬的香辣，感覺非常特別。除了炸雞還有開胃小點、沙拉和韓國菜、炸餃子、泡菜豬肉飯、炒牛肉片蓋飯、韓式炒年糕、雞排和豬排等選擇。每次帶朋友來這裡吃炸雞，都讓我對美女的肚量有不同的看法。看似纖細的女性朋友們，在炸雞的美味誘惑下，一次都能吃上 3、4 隻炸雞腿，加上其他菜色，一個人約 400 泰銖，相當划算呢！

A   B C
      D

A 李敏鎬代言 KyoChon chicken 炸雞
B 餐廳外觀
C 生菜沙拉十分可口
D 香嫩多汁的炸雞腿

KyoChon chicken 在韓國及全球有近 1,000 家分店,在曼谷也有 2 家。其中位於 MBK Center1 樓的分店,有代言人李敏鎬的人型立牌,很容易找。許多歐美人士也是座上賓,看來韓國炸雞的客層不僅局限於亞洲人呢!

炸雞腿與雞翅加上蜂蜜甜醬,金黃色澤賣相十分誘人,店家也有附贈自己醃漬的蘿蔔和小黃瓜,酸甜脆爽,能開胃兼解油膩。KyoChon chicken 的炸雞有原味、蜂蜜、韓式辣味、特殊炸衣四種。

最有名的香辣炸雞 Red Series,紅通通的模樣,對喜愛吃辣的人而言,不啻是人間美味。只是我對辣的承受度普通,每次都會吃得淚汪汪,不停地擤鼻涕。遇到這種情況,來杯冰涼的啤酒成了唯一可做的事。倒是有些朋友很享受邊擦鼻涕,邊忍受嘴唇腫起來的後果,一支接一支的啃不停。香辣炸雞最特別的地方在於表面雖然有醬汁,吃起

來卻依然香脆好吃。炸雞都有小分量可選擇，提供想要嘗鮮的顧客有更多選擇的機會。

如果你問我BonChon chicken和KyoChon chicken哪家炸雞好吃，都非常美味，倘若有時間，兩家都吃吃看，再給他們分別打分數吧！

BonChon chicken

🏛 88 Soi Sukhumvit 19, Khlong Toei Nuea, Watthana, Bangkok（Terminal 21）
🚗 搭乘 BTS 至 Asok 站一號出口，或搭乘 MRT 至 Sukhumvit 站 3 號出口，位於 Terminal 21 的 5 樓
📞 +66-2-005-1455
🕐 10:00~22:00
📶 www.bonchon.com

KyoChon chicken

🏛 444 Phayathai Road, Bangkok, Pathumwan（MBK Center）
🚗 搭乘 BTS 至 National Stadium 站 4 號出口，沿著天橋走至 MBK Center 的 1 樓
📞 +66-2-001-1017
🕐 10:00~22:00
📶 www.kyochon.co.th

台灣也有超好吃的泰國料理

● 暹廚泰式料理

在台北市安和路商圈，有間名為暹廚泰式小館的店家，裡頭的主廚清一色都是泰國人，而且各個來頭不小，都是五星級飯店的大廚，堅持選用星級食材，用料也十分大方，自然吸引許多客人慕名而來。

暹廚最讓人津津樂道的，是比立起來的 5 元硬幣還厚的月亮蝦餅，這可不是一般冷凍料理店買來的。主廚堅持選用新鮮的草蝦仁，剝殼後先輕拍，再稍微剁一下，讓蝦肉 Q 彈，加入花枝漿，增添風味和口感，最重要的是在塑形前還要幫蝦漿馬殺雞一番，先來回用力甩個幾下，讓它更有口感。再以春捲皮包裹蝦漿，輕拍蝦餅讓它更扎實並整形，下鍋油炸前得先用筷子戳幾下，讓蝦漿不會因為高溫瞬間爆開來。高溫炸成金黃色的蝦餅，切成八等分，沾泰式梅子醬吃最涮嘴（不沾醬吃，原味也超香 Q）。

鳳梨咖哩蝦不同於一般綠咖哩，主廚以紅咖哩粉為基底，特別加入鳳梨，增添咖哩的果香味，是一道超下飯的好菜。酸辣涼拌海鮮將現撈的透抽、比 50元硬幣還大的北海道干貝、菲律賓新鮮蟹腿肉等食材，加入配菜，拌上泰式

A　BC
　　D

A 酸辣涼拌海鮮
B 月亮蝦餅厚實 Q 彈
C 酸辣炸牡蠣擺盤很美
D 打拋豬超下飯（照片由暹廚泰式料
理提供）

酸甜醬汁，成為一盤最開胃的泰式沙拉。醬汁酸、辣均衡，味道十足，蝦子、花枝、蛤蜊、蘭花蚌、紫洋蔥、香菜、番茄，食材新鮮，非常爽口開胃。MiamKham 泰國皇室才吃的到的前菜這裡也有喔！

咖哩南瓜牛肉是暹廚的招牌菜色之一，用完整的南瓜去籽蒸熟，再將咖哩牛肉放入，嘗起來多了南瓜的香氣與甜味。建議可以將煮透的南瓜肉挖下來，拌入咖哩牛肉，再配上一碗白飯，三者的香氣融合，別有一番滋味！

泰北拌烤松阪豬的松阪豬肉 Q 彈，搭配清脆的美生菜、洋蔥、辣椒等香料混合，味道清爽中帶點酸甜，好吃不油膩。泰式豬肉羅望醬是用串燒方式將豬肉串烤熟，佐以酸甜羅望子醬。肉串本身已經用調味料醃漬過，烤過之後透出淡淡香氣，沾上羅望子醬，更增添幾分清爽。

清蒸檸檬鱸魚的魚肉細嫩，檸檬醬汁適量，不會太酸也不會太刺激，讓人一口接一口吃不停。酸辣雷公根拌蝦用雷公根這種野菜，和各種辛香料調配在一起，口感帶點酸辣，仍保有蔬菜的清淡與香料該有的氣味，是一道新菜色。甜點類的芋香紫米很好吃，摩摩喳喳、香蘭葉糕、南瓜燉布丁，都相當可口。

暹廚的第二家分店在吉林路，聽說這裡是泰國觀光局長官們經常聚會的御用

A B   A 暹廚吉林店外觀
C   B 一樓用餐環境
       C 二樓有大圓桌，適合多人聚餐（照片均由暹廚泰式料理提供）

餐廳。我聽泰觀局的長官說過，暹廚是他吃過最道地、好吃的泰國菜餐廳。
這間分店的主廚是泰國東北人阿明師，他曾在喜來登的素可泰服務過，手藝
一流，將他的好手藝帶來暹廚，價格比喜來登友善，口味可是一點也不打折。
吉林店以泰北風味為主，每週六、日晚上 7 點半左右還有舞者穿著傳統服飾
在現場跳舞表演。

安和店
🏛 台北市安和路二段 231 號
📞 02-2732-8398
🕐 11:30~14:00、17:30~21:30
吉林店
🏛 台北市中山區吉林路 39 號（捷運松江南京站）
📞 02-2521-8398
🕐 11:30~14:00、17:30~21:30

● Sukhothai 泰式料理

台北喜來登的 Sukhothai 泰式料理，堅持傳統泰國菜口味，並加入新的變化元素，如今已成立館外餐廳，以服務更多的饕客。而 Sukhothai 堅持聘請泰國御用主廚坐鎮之外，許多食材直接由泰國進口，呈現道地泰國料理風味，也是它大受歡迎的主因。

Sukhothai 泰式料理在新光三越的 A4 館 6 樓開業，其中最受歡迎的菜是月亮蝦餅，但據說這道菜是台灣人自創的，泰國人吃的蝦餅是金錢蝦餅（內餡相仿）。Sukhothai 的月亮蝦餅用新鮮草蝦去殼稍微切碎，搭配花枝漿做成餡，包春捲皮油炸後，厚度約 2 公分，吃起來Q彈且吃得到蝦肉，搭配梅子醬，是所有吃過的客人最極力推薦的一道菜！

北拌烤松阪豬也是招牌菜之一，主廚特別加了奶水醃製豬頸肉，烤過後搭配北拌醬，Q彈之外多了分柔嫩的口感，非常好吃。用生菜包裹松阪豬，更美味。泰式肉串羅望醬，真的不是蓋的。主廚用特製香料醃漬豬五花，再炭烤成串，用小竹簍盛醬料後上桌。我覺得即使不沾醬料，就已經非常好吃了！泰式酸辣蝦湯則經過主廚稍作修改，將泰國傳統酸辣海鮮湯的鹹度跟辣度減低少許。

A B　A 南瓜布丁讓人回味無窮
　　　B 咖哩南瓜牛肉超好吃（照片均由 Sukhothai 提供）

辣味脆皮雞的表皮炸至金黃酥脆，雞肉鮮嫩多汁，搭配辣醬非常適合愛辣的客人。泰式炸蝦佐酥脆木瓜絲將木瓜絲裹粉酥炸，一改木瓜絲做涼拌菜的傳統印象。單吃炸木瓜絲，也有驚豔的感覺。泰式魚露下巴將鯛魚炸成表層酥脆，內裡像圓鱈般細緻的口感，搭配酸辣青醬，非常爽口。這裡的椰子汁，不是整顆椰子送上桌。因為 Sukhothai 是宮廷料理，對於擺盤器皿的精緻度都很重視。光看椰子汁的容器，就會讓你感覺物超所值呢！

不管是喜來登或新光三越 A4 館的 Sukhothai，都是我極力推薦的泰式料理餐廳喔！

台北喜來登飯店
🏛 台北市忠孝東路一段 12 號 2 樓（台北喜來登飯店 2 樓）
📞 02-2321-1818
🕐 11:30~14:30、18:00~22:00
📶 www.sheratongrandetaipei.com.tw
Sukhothai 新光信義店
🏛 台北市信義區松高路 19 號 6 樓（新光三越 A4 館 6 樓）
📞 02-6617-5511
🕐 11:30~14:30、17:30~19:30
📶 facebook.com/sukhothaiA4/

● 泰美泰國原始料理

東豐街上的泰美泰國原始料理餐廳，門口以原始叢林的模樣妝點出泰國的熱帶氛圍，呈現出濃濃的南洋風。餐廳內部以木材為主要設計元素，運用原木色系來打造，牆上有不少泰北人物畫像作為裝飾。在木雕、吊扇及燈光陪襯下，讓人有來到泰國的感覺。

這裡的廚房採半透明開放式設計，讓客人們可以看到師傅們專注的工作情形，同時了解廚房的清潔環境，更安心在這裡用餐。廚房有好多泰國檸檬、南薑和辣椒擺在玻璃廚上，非常整齊乾淨，還有泰北常見的炸豬皮和調味料。這裡有全台獨家的泰國傳統原始沙拉，這是道溫的沙拉，裡面有炸豬皮、泰北香腸、川燙過的菜豆、龍鬚菜、絲瓜、瓠瓜、高麗菜和糯米，徒手拿取沾番茄肉醬就是最正統的吃法喔！

泰美泰國原始料理餐廳從廚師、服務生到收銀員幾乎都是泰國人，講起話來都有泰國腔，食物就更是道地的泰國菜了。如果你是第一次到泰美用餐，會在菜單上看到平時沒見過的菜色，如果你想嘗試新口味，可以先詢問過服務生內容物是哪些，以免踩到地雷。

AB　A 餐廳置身於綠意中，營造南洋風
　　B 主廚很滿意自己的作品
　　（照片均由泰美泰國原始料理提供）

AB　A 廚房採半開放式
　C　B 餐廳的圓桌區
　　　C 餐廳的方桌區
（照片均由泰美泰國原始料理提供）

泰北傳統涼拌青木瓜海鮮，嘗起來微甜、微辣，是清爽開胃的涼拌菜，從青木瓜絲的色澤就知道入味程度，是味道非常友善的前菜。泰國傳統打拋豬肉原是泰國家常料理，當地人用打拋葉與豬絞肉再加入大量辛香料調味，快速翻炒。台灣人吃不慣打拋葉氣味而改用九層塔替代。泰美的打拋豬肉和我以前吃過的不太一樣，不是用細細的豬絞肉來炒，而是切得較為大塊的肉調理，旁邊還附上美國生菜片，方便包著打拋豬肉一起吃。

泰北黃金咖哩雞也很特別，清邁的咖哩雞有紅、黃、綠咖哩幾種風味，其中黃咖哩是辣度最低，一般人接受度最高的一款，將椰漿、糖、南薑、香茅融入其中，調製出獨風味。通常點了這道菜，總要多吃上一碗白飯才過癮。

綠咖哩雞有滿滿的雞柳肉香，和泰式香料一起烹煮出來的微辣口感，讓人忍不住又多吃了碗白飯。如果不想再點椒麻雞，可以試試街邊平民小吃泰式炸雞，泰北傳統香茅炸雞翅皮薄肉嫩，醃漬過的雞肉夠味，酸甜鹹辣，樣樣不缺，表面撒上酥炸後的香茅，肯定讓你吃不停。

椰子蒸什錦海鮮是我在其他店家沒見過的菜色，用椰子殼當容器，是店裡的招牌菜之一。綠色的椰子內盛放金黃色的海鮮，光看賣相就讓人食指大動。裡面以紅咖哩和椰漿調味，加入蛤蜊、鮮蝦、花枝、蟹肉和其他調味料烹煮，食材豐富，又是一道配飯剛剛好的美食。

甜點有摩摩喳喳、椰奶紫糯米，後者是女性朋友們的最愛，滿滿一大碗紫米，裡面還有許多芋頭丁，芋香十足，椰奶香甜，非常好吃！

🏛 台北市大安區東豐街 34 號（捷運大安站）
📞 02-2784-0303
🕐 11:30~14:30、17:30~22:00
📶 facebook.com/251026034953309

● 永順小吃

初次造訪時，永順小吃的店名是詠順，一年後改為永順，但不管是哪個永字，店裡的食物都一樣便宜好吃。客層以在台灣工作的泰國人為主，包含老闆在內，所有服務人員都是泰國人，菜色非常道地。最難得的是，服務人員幾乎都會說國語，且菜單上都有圖片與中文、泰文、英文說明，相當貼心。

店裡平常有五十幾道菜可以選擇，和老闆娘熟了還可以打電話請她做你想吃的特別菜色。餐點單價在 100 ～ 350 元之間，乍看不是太便宜，但是每道都超大盤的，三五好友平均分攤下來每人 200 元有找，而且吃得很飽。我最推薦涼拌炸土虱魚酥，淋上酸甜的青芒果汁超對味，台灣的泰菜餐廳還沒看到過呢！

🏛 桃園市桃園區延平路 11 號（桃園火車站後站）
📞 03-376-0384、0939-548-517
🕐 10:00~15:00、17:00~21:00（週一公休）

Chapter 4

特色旅店

跟著玩樂主播入住曼谷休憩去
Staying in Bangkok

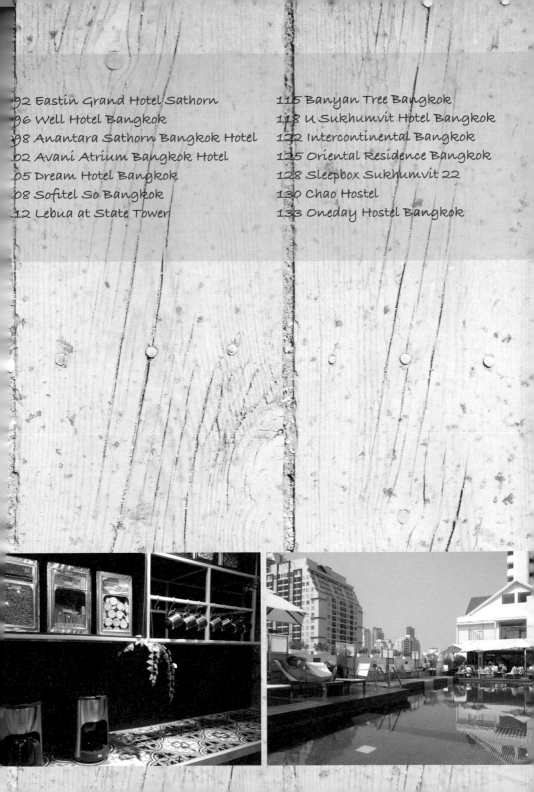

Eastin Grand Hotel Sathorn

五星級的帆船酒店

曼谷也有帆船酒店？近幾年曼谷的酒店越蓋越先進，Eastin Grand
Hotel Sathorn（沙通伊斯汀酒店）這間五星酒店集團的飯店分布
在曼谷、芭達雅、普吉島、清邁等等觀光城市。酒店位於 BTS 的
Surasak 站，有座空橋連接空鐵站與酒店 3 樓的出入口，不怕日曬
雨淋，完全不用下天橋，直接就能走進酒店辦理入住手續，對於拖著
行李箱的自助行旅客而言，真是超級方便。為了旅客安全，天橋這個
門在凌晨 1 點至凌晨 5 點會關閉，旅客必須從 1 樓進出。

A　B C
　　 D
A　BTS 站的空橋連接酒店 3 樓入口
B　酒店外觀
C　接待大廳很舒適
D　餐廳一角（照片均由 Eastin Grand Hotel Sathorn
提供）

Eastin Grand Hotel Sathorn 有 390 間客房，房間都相當寬敞。
Superior 高級房約 10 坪大，沒有浴缸；喜愛泡澡的朋友可以訂
Deluxe 豪華房，房間裡有將近 15 坪的使用空間，住起來非常舒適。
我住過高樓層的 Executive 行政房，裡面的浴室真的是大得誇張，而
且雙面環市區景色，真的好美、好漂亮！我實在太喜歡這個浴室，所
以每天早晚都來這裡泡一次澡，只是不知道會不會被對面大樓的人給
看光光了。

我最愛 14 樓的無邊際游泳池，以及房間內能飽覽曼谷市景的蛋型浴缸。
無邊際游泳池是 Eastin Grand Hotel Sathorn 的亮點所在，泳池邊
的蛋型躺椅躺起來超舒服，不過要看你的運氣，因為躺椅數很少，一

下就被別人占走了。這裡可以看到著名的 Sirocco 餐廳（電影《醉後大丈夫 2》的高空酒吧拍攝場景），這樣你們知道這間酒店泳池的厲害之處了吧！

早餐在 5 樓的 The Glass House 享用，餐廳空間很大，即使有 300 多間客房，在這裡用餐也不會感到擁擠，更無須排隊候位。早餐 buffet 非常豐富，提供上百種食物，午晚餐也有 buffet 及單點。麵包、新鮮水果、穀片、優格，可供選擇的品項不少；有日式食物、現煮泰式米粉湯、麵點。還有很大塊的各式乳酪，讓客人自行切來食用，相當豪氣。但如果想喝整顆新鮮椰子，得另外付費，一顆 80 泰銖。

飯店大廳相當氣派，富麗堂皇像極了皇宮，玻璃珠吊燈十分華麗，有種放縱的氛圍。旁邊 Swizzles 酒廊的大廳酒吧提供各式酒類、飲料，還有配酒小點，氣氛不錯。酒廊營業時間是早上 10 點至凌晨 12 點。供應的各國葡萄酒、烈酒、啤酒，以及現場調製的雞尾酒、鮮榨果汁、咖啡和茶品，種類繁多，還有可供選擇的餐前小點和爵士樂演奏。

A｜B C
　｜D

A 無邊際泳池最吸引人
B 早餐的用餐環境明亮乾淨
C 自助式早餐豐盛可口
D 浴室可以邊泡澡邊看夜景〔照片均由 Eastin Grand Hotel Sathorn 提供〕

住在 Eastin Grand Hotel Sathorn 的好處在於要去哪個景點都很方便。想去河濱碼頭夜市，只要搭 BTS 到 Saphan Taksin（S6）的中央碼頭就到了；還有觀光客都愛的 Health Land 和 Divana Virtue SPA 離飯店也不遠，走路只要 8 至 10 分鐘就抵達；飯店隔壁就是泰國藍象餐廳，想要進修廚藝的朋友可以報名 cooking class，如果單純用餐的話，選擇平日的午間套餐會比較划算喔！

🏛 33/1 South Sathorn Road, Yannawa,
　 Sathorn, Bangkok
🚇 搭乘 BTS 至 Surasak 站
📞 +66-2-210-8100
🔗 www.eastinhotelsresidences.com/
　 eastingrandsathornbangkok/

 優惠房價立即掃

Well Hotel Bangkok

鬧中取靜的平價精品旅館

2016 年曼谷又開了許多好的精品旅館，我要介紹的這間是 2 月才剛開幕的 Well Hotel Bangkok。網路上有人翻成中文「曼谷好飯店」，到底有多好呢？讓我介紹給大家。

Well Hotel Bangkok 就位在 Skhumvit 路的 20 巷，走進去不用 2 分鐘，巷口有個 7-11，酒店旁邊有 Family Mart 便利超商，對面有個賣泰國炒飯的路邊攤，交通和用餐都蠻好解決的。走到最近的 BTS Nana 站和 Asok 站都是 7 分鐘左右喔！

Well Hotel Bangkok 真的很漂亮，1 樓的大廳有淡淡的花香，挑高和採光都很棒，落地窗有高檔咖啡廳的感覺，旁邊還提供電腦給大家使用。樓頂有個空中的泳池和健身房。入住當天的 651 號套房，一

A　B C
　　D

A 大廳挑高且有淡淡花香
B 泳池不大，但方便愛泳者使用
C 大廳一角有提供電腦給旅客
D 枕頭上分別寫著 Sleep、Well

打開房門只見超大的客廳空間，裡頭還擺了台健身腳踏車，好像要我不運動也不行。床上的枕頭分別寫著「Sleep」和「Well」兩字，感覺晚上一定可以睡得很棒。乾濕分離的浴室，可以邊泡澡邊透過大玻璃窗看到臥房內的電視機。這裡房間的網路很順暢，不用擔心無法上傳你的旅遊照片與家人好友分享。但注意入住時付的押金，退房要記得索回喔！

早餐在 1 樓的 Eat Well Café，餐廳與酒吧相連，風格高雅又兼具書香氣息，空間蠻大，可以挑選自己喜歡的位置享用餐點。雖然選擇不多，但基本上該有的都有，而且都蠻好吃的。若不想在酒店吃早餐，也可以自行到外面街上找美食！

🏛 10 Sukhumvit 20, Sukhumvit Road, Klongtoey, Bangkok
🚌 搭乘 BTS 至 Asok 站，或搭乘 MRT 至 Sukhumvit 站後，步行約 7~10 分鐘
📞 +66-2-127-5995
🌐 www.wellhotelbangkok.com

 優惠房價立即掃

Anantara Sathorn Bangkok Hotel

低調奢華的公寓式酒店

Anantara Sathorn Bangkok Hotel（安娜塔拉曼谷沙通飯店）位於曼谷 Sathorn 金融精華區，共有 310 間客房。

這裡只提供二種房型，一間臥室的雙人房以及兩間臥室的四人房。整體來說，雙人房已經算蠻寬敞，房間約有 20 坪，備有無線跟有線網

A C D
B E

A 接待大廳簡約低調
B 客廳與餐廳及料理台，約三五
好友一起來，絕對不會失望
C 餐桌後方有簡易辦公桌
D 床又大又好睡，非常適合一家
人前來度假
E 我忍不住先瞇了一下

路，客廳裡有張四人餐桌及小料理台，讓人有家的感覺。四人房大約
有 37 坪，還有一間專屬的行李室，擺放高爾夫球桿、大型器具，買
回家的成箱伴手禮，也都可以放在這裡。長餐桌起碼可以坐 10 人，
桌面是大理石，餐桌後面有個簡易辦公桌，還有 L 型的布沙發、液晶
電視及我最愛的白色大浴缸可以泡澡。浴室的沐浴乳罐造型很可愛，
有 Paul Smith 的感覺，但是洗髮乳很難洗，感覺像會洗不乾淨，建
議大家帶自己慣用的品牌沐浴用品（換裝成小瓶帶過去）。

如果是住在 32 至 36 樓的尊爵房型，可以全天候享用位於 37 樓的
專屬 Lounge bar。在那裡看到的所有食物餐點，都是專屬旅客可隨
時享用的。即使早餐時段也可以直接在這裡享受寧靜的早點。

A　　DE
B C

A　在 38 樓看夜景
B　泰國盛產的水果
C　Zoom Sky Bar 是曼谷知名的看夜景之地
D　美味的甜點區讓人食指大動
E　來杯調酒享受一下

Anantara Sathorn Bangkok Hotel 有個長型游泳池、可自行開關的水療池、採光良好的健身房以及在健身房旁的 spa（費用與在台灣一般消費差不多）。泳池旁是早餐吧，可以邊吃早餐邊欣賞別人美麗的泳裝身影。還有附設兒童遊樂室，帶小朋友去的家長們，可以暫時將小孩放在那裡，獲得短暫完全屬於自己的時間。

餐廳位在游泳池旁，有室內及戶外。早餐非常豐盛，幾乎你想得到的都有。我特別喜歡這裡桌子間的距離，每個人都享有屬於自己的空間，可以吃得很放鬆。早餐有中式、西式、日式、泰式，任你選擇；現煮泰式河粉、米線、麵類和烘培類點心，十分豐富。歐式早餐區的德國香腸好吃不膩，有香料味道。起司種類不算多，大方的任由客人切來食用倒是很酷。還有各式雞蛋料理，現煎荷包蛋、炒蛋和歐姆蛋。

入住 Anantara Sathorn Bangkok Hotel 的另一個理由是位於 38 樓的高空酒吧 ZOOM Sky Bar and Restaurant。其實出了電梯還得往上走約 2 層樓的高度，所以這裡的夜景應該是 40 樓。只要入住這裡的客人都會有一張飲料招待券，像是走到自家頂樓一樣，不用花錢，非常超值。

ZOOM Sky Bar and Restaurant 的 360 度曼谷夜景，視野很不錯，沒有太多觀光客的喧鬧聲，在這裡喝一杯小酒，是件非常浪漫的時光。也可以專程上來，點一杯飲料就可以享受這裡的美麗夜景。酒吧有貼著玻璃低牆的用餐區，中間是 DJ 播放音樂區。除了調酒外，也有無酒精飲料和美式、泰式的下酒菜及炸薯條等等。

這裡生活機能非常好，往 BTS 站的方向走去，沿途有不少傳統泰國小攤販，烤肉、炸雞、冰品樣樣都有。還有按摩店和便利商店。十字路口以及上方的交通空橋，是這幾年許多泰國電影、廣告取景之處。

🏛 36 Naradhiwas Rajanagarindra Road, Thung Maha Mek, Sathon, Bangkok
🚗 搭乘 BTS 到 Chong Nosi 站，從 Sathorn 路往南走，經過 BRT 公車站的天橋後，第一條巷子右轉走進去約 100 公尺，右前方的大樓即是
☎ +66-2-210-9000、+66-2-365-9110
🌐 bangkok-sathorn.anantara.com、facebook.com/anantara

優惠房價立即掃

Avani Atrium Bangkok Hotel

CP 值爆表，玻璃帷幕挑高中庭酒店

Atrium 是中庭的意思，所以看到 Avani Atrium Bangkok Hotel（阿瓦尼中庭酒店）的名字，就知道這裡的中庭肯定非常特殊。哇！真的不誇張，當我走進大廳，一眼就看到像天文館一般的玻璃帷牆，直通到頂樓，非常非常壯觀，讓人目不轉睛。

這裡原本是 Amari Hotel（阿瑪瑞酒店），2008 年重新裝修後加入 Minor group 集團，改名為 Avani Atrium Bangkok Hotel，品牌旗

A	C D
B	

A 屏風區隔出小客廳
B 泳池旁的早餐 bar
C 白日的中庭
D 夜晚的中庭

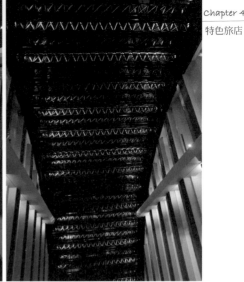

下最有名的是五星級的 Anantara 系列酒店，Avani 則是屬於偏商務型的四星酒店。

Avani Atrium Bangkok Hotel 以簡約清新、明亮俐落的現代設計，打造出適合各種不同年齡層旅客需求的都會酒店。距離最近的 MRT Phetchaburi 站只有 700 公尺，到素萬那普機場（Suvarnabhumi Airport）只要 25 分鐘車程。酒店更設有免費接駁巴士，提供旅客便利的交通服務，可到 Nana 站、Siam 站、Sukhumvit 路、MBK 等地，也安排了從 MRT 的 Phetchaburi 站往返酒店的接駁車。

Avani Atrium Bangkok Hotel 有 568 間客房，房型有 Premier、Deluxe、Deluxe Classic、Executive、Executive Suite、Grand Executive Suite，房內皆附免費 Wifi，以淺色木質家具為主，每間客房都有一張辦公桌、咖啡機及可欣賞城市美景的大窗戶。最特別的是，這裡有專為殘疾人士設計的專用客房，是曼谷市極少數提供殘障客房的酒店之一。如果有需要，記得在訂房前在「特別要求」的欄位寫上「無障礙設施需求」。

A B

A 泳池有大人小孩之分
B 宴會的地方既豪華又氣派

另外，行政樓層（Executive Floor）還設有行政酒廊（Executive Lounge），提供商務服務。讓旅客可於傍晚時分，在此享用酒店準備的各式雞尾酒，並欣賞曼谷城市的美景。

酒店內有無敵城市景觀游泳池、室內游泳池、兒童游泳池、溫泉、瑜珈室以及 spa 池。還有傳統泰式按摩美容院、專業健身中心 Clark Hatch Fitness Centre、三溫暖、蒸氣室、按摩室。最與眾不同的是這裡提供皮拉提斯課程，你一定要來試試看！

Avani Atrium Bangkok Hotel 有國際級的早餐。這裡的日本餐廳 Benihana 在午餐和晚餐時段開放，提供傳統的牛排、鐵板燒、日本清酒、特色壽司卷等日式料理。Vivaldi 餐廳、Cascade 餐廳，各具特色，Public Restaurant 餐廳提供單點或自助餐，讓你有多重選擇。

🏛 1880 New Petchburi Road , Phetchaburi Bangkok
🚇 搭乘 MRT 至 Phetchaburi 站下車，步行約 700 公尺，或從素萬那普機場搭計程車，約 20~25 分鐘可達
📞 +66-2-718-2000
🌐 www.avanihotels.com/atrium-bangkok

 優惠房價立即掃

Dream Hotel Bangkok

獨特藍色燈光，時尚界爭相報導

A
B

A 酒店外觀十分低調
B 房內的藍光是特色之一

在紐約十分知名的 Dream Hotel Bangkok（夢幻精品酒店）一晚要價 300 美金，知道它在曼谷有分館，當然得來體驗價格超親民的藍色夢幻精品酒店！

A B
  C

A 大廳通往 2 樓的天花板，有
大型垂吊燈飾
B 泳池周邊的躺椅十分舒服
C 酒店大堂把仿造泰國佛塔的
裝置藝術都放了進來

Dream Hotel Bangkok 位於 Sukhumvit 15 巷內，離 BTS Asok 站
和 MRT Sukhumvit 站，大約都是 10 分鐘內的路程，想要到 Huai
Khwang（匯狂夜市）可搭乘 MRT，到洽圖洽週末市集也很方便。雖
然位在巷子內，但比起在馬路旁的飯店卻多了幾分鬧中取靜的感覺。

Dream Hotel Bangkok 有一館和二館，就在彼此對面。大門前有個
巨大骰子狀的 LOGO，四周用挑高玻璃，採光特別好。白天時裡面
一目了然，夜晚燈光亮起來的時候，就像變身後的灰姑娘，令人目眩
神迷。飯店大廳華麗炫目，藍色調的燈飾、純白色的沙發、不同層次
的藍色條紋單人椅、3 座仿製佛塔置於其間，配合多彩燈光轉換其上，
耀眼又迷人，有種來到高檔夜店的感覺。我被這迷人的藍光吸引而
來，相信有更多的人都和我一樣為此來到 Dream Hotel Bangkok。

一館的大廳，設計與陳設處處都讓人驚艷，喜歡拍照的朋友在這裡可
以慢慢拍到爽，而且同一個地點，早晚的景致完全不同。往 2 樓的
手扶梯上的挑高燈飾，到了夜晚更是迷人，大廳那張會發光的銀光宇
宙地毯，只要你看過，就會跟我一樣愛上它。

這裡的房間，看起來方方正正，並沒有特別出色的地方，有 42 吋液晶電視、無線網路，衣櫃裡有浴袍，浴室裡有沐浴乳、洗髮精、潤髮乳，因為是環保酒店，所以不提供牙刷組。但到了晚上進房的時候，肯定會被裡面的藍色燈光給迷倒。這裡所有會發光的燈具所呈現出來的光，都是藍色的，床頭、書桌、mini bar 還有許多小驚奇，等你慢慢挖掘。房間裡有迎賓水果，到了晚上還有小蛋糕，感覺好貼心！每天提供兩瓶礦泉水和更換的盥洗用具，浴室裡還有體重機喔！

早餐在一館 2 樓的 Flava Bar & Lounge 使用，有歐陸、東方二大類，有清粥小菜和日式壽司，也有客製化的現做歐姆蛋，保證可以吃得非常飽足。最讓我感動的是這裡的早餐從早上 6 點到 11 點，可以不用趕早起床吃早餐，這點真是深得我心。

Dream Hotel Bangkok 由英國知名設計師 Paul Smith 參與設計，鮮豔的彩色條紋，在牆上、地毯上跳動，呈現出年輕的活力與不受約束的生命力，在飄動的流蘇後，栩栩如生地走出一隻白老虎。沙發旁還有隻華麗的粉紅色花豹，讓愛拍照的你不得不停下腳步來張合照！

大廳有台 Apple 電腦，供旅客免費上網。至於游泳池和健身房都在二館，露天泳池夜晚上點亮藍光後，感覺超有氣氛。酒店為了響應環保，鼓勵旅客連續住宿期間不更換床單組，並提供綠色卡片讓同意的顧客放在床上，打掃人員就不會更換床單。

🏛 10 Soi Sukhumvit 15, Sukhumvit Road, Klongtoey Nua, Wattana, Bangkok
🚌 搭乘 BTS 至 Asok 站 5 號出口，或搭乘 MRT 至 Sukhumvit 站
📞 +66-2-254-8500
🌐 www.dreamhotels.com/bangkok

 優惠房價立即掃

Sofitel So Bangkok
以中國五行元素為主題

Sofitel So Bangkok（索菲特曼谷特色酒店）的主要規劃靈感來自中國風水中的五行，以金、水、木、火、土五種元素，作為住宿的主題。整體設計上盡量採用大片落地窗，讓旅客可以飽覽倫披尼公園（Lumpini Park）的翠綠，以及曼谷璀璨迷人的夜景。

Sofitel So Bangkok 由泰國知名建築師和法國設計師克里斯汀拉闊（Christian Lacroix），共同建構出飯店獨有的五元素客房與公共空間。目的是要將樹木、土壤、池塘、陽光、建築物，同時與曼谷市中心共存。餐廳以火元素設計，金、木、水、土則表現在不同樓層，設計師各自用自己的想法表達五行的故事。

A｜BC　　A　享受 spa 讓人全身放鬆
　　　　　B　spa 區陳列各式相關用品
　　　　　C　So SPA 招牌

酒店的大門很低調，大廳布置得相當華麗時尚，旁邊有一些精品店可
以逛，後面則是開放式的甜點咖啡廳。最特別的是一出電梯就有隨客
人腳步移動、追蹤的投影，打出「SO」的品牌 LOGO，既時尚又有
科技感。

7 樓的 Red Oven 餐廳以紅色為主題，大落地窗的設計，白天整個
空間特別明亮，充滿活力。早餐採自助式，菜色豐富且多樣化。牆面
上還有手繪曼谷的地圖，帶著特別的度假氛圍。9 樓的大廳除了辦理
入住外，也是個 Lounge bar，酒吧內每樣裝飾物件都像藝術品，非
常漂亮。喜歡拍照的朋友走進大廳就可以拍不停了！晚上有現場 DJ
秀，工作人員會送上一杯無酒精飲料。

酒店的高空泳池面對著曼谷最大的森林公園，景色非常漂亮！旁邊有
飲料吧，也有酒店提供的防曬乳、洋傘、遮陽帽、太陽眼鏡，甚至也
有小朋友的泳圈、浮板等，非常適合全家一起來這度假、享受。在泳
池的後方有一個可做日光浴的空中花園，可以盡情享受陽光的親吻。
這裡的 mini bar 是不需付費的，還有很特別的咖啡機，用 illy 的膠

囊咖啡（可以滿足喜愛喝咖啡的旅客）。房間的電視搭配一台 Mac mini、無線鍵盤，電視也可以拿來當電腦使用。

土元素的概念客房牆壁採圓弧形，牆上有許多圖騰，有種歲月的痕跡。房間以藍色為主，燈光打在圖案、鏡面、窗簾上，非常好看。木元素的房間，帶有日式風情，聽説日本旅客最喜歡這個主題的房型。金元素的房間，強調清新純淨，枕頭上有貼心的問候字。以水元素為主題的套房在 25 樓以上，是這裡最高價的房間，除了有會發光的浴缸之外，還有小小的更衣室。燈光下呈現出潔淨的舒服感受。

Sofitel So Bangkok 在客房的規劃上，不是把房間設置在走道兩旁，而是稍微有點微側，讓房門不會直接面對走道，旅客可以感受到住宿

A	B	D	E
	C		F

A So SPA 大廳後方的商店
B 舒適乾淨的客房
C 可口的水果餐點
D 面對倫披尼公園的無邊際泳池
E 邊泡澡邊享受醉人景致
F 9F 氣派的大廳

的隱密性。這裡的盥洗用品有區分男女，室內拖鞋厚且好穿，連放拖鞋的袋子也很漂亮。酒店位於兩條大馬路的交會處，也使得每個房間都可以欣賞到泰國的美麗夜景。

Sofitel So Bangkok 位於 Silom 區，無論 BTS 或 MRT 都可到達，前往 Siam Paragon 或 Central World 也不太遠。若是搭乘 BTS 或 MRT，可以請飯店派免費嘟嘟車接送。還有 24 小時保姆服務，讓帶小孩出遊的家長有完全放鬆的私人時間。

🏛 2 North Sathorn Road, Bangrak, Bangkok
🚌 搭乘 BTS 至 Silom 站步行約 10 分鐘，或搭乘
　　MRT 至 Lumphini 站步行約 5 分鐘
📞 +66-2-624-0000
🌐 www.sofitel.com/gb/asia

 優惠房價立即掃

Lebua at State Tower

電影拍攝場景，一覽曼谷最美夜景

Lebua at State Tower（金頂蓮花酒店）一如其名，頂層的圓形屋頂金光閃閃，由下往上看，每個房間的陽台猶如蓮花的花瓣一般，一片片向外綻放，別有一番韻味。加上電影《醉後大丈夫 2》在這裡出外景，來自東西方的旅客有越來越多的傾向。

酒店大門位於 Silom 路旁，進門辦理入住手續的櫃台不大，顏色與金頂相呼應。服務人員會招呼旅客坐在沙發區，送上迎賓飲料和冰涼毛巾。然後或蹲或跪著服務完成入住手續，讓旅客感受到特別的尊榮

A B C
D E

A Sirocco 餐廳閃閃發光的金頂正是酒店的招牌
B 大大潔白的床，看了就覺得舒服
C 乾濕分離設計的浴廁
D 不規則的戶外泳池
E 泳池畔的用餐區

感。並親自帶領你前往入住客房，簡單介紹設備、打開陽台鎖，真的
是超貼心的服務。

每個房間都很大，裝潢採用淺木色的自然風，陽台窗戶讓人起床就有
陽光的溫暖，即使不是河景，轉個頭就是無敵城景。浴廁空間採乾濕
分離設計，高樓層的沐浴用品是寶格麗的，低樓層則不同品牌。

Lebua at State Tower 有全曼谷六大夜景之一，還有世界三大景觀
餐廳 Sirocco，許多旅客都是因為這些理由住進來的。位於頂樓的
Sirocco 可以看湄南河的日夜景致，夜晚時分經常客滿。住在酒店的
旅客就算沒有消費，也可以上頂樓分享 Sirocco 的夜景（在這裡僅能
於圓弧吧台地方拍照，其他地方禁止攝影）。

位於 52 樓的 Breeze 餐廳主打「光影夢幻空橋」，規律的轉換不同

A B A 圓弧吧台區是允許拍照區
　　　B 頂樓餐廳的格局

顏色的燈光，走道盡頭是埃及金字塔般的三角形牆面，與七彩燈光相呼應，是適合聊天談心的好地方。以上餐廳都有基本的服裝要求，至少要 Smart Casual（正式休閒服），不能太隨便。

不規則形狀的戶外泳池旁有餐廳 Caf'e Mozu，是用早餐的地方。Caf'e Mozu 除了早餐外，其他時段則提供印度、黎巴嫩料理，以及原木炭烤而成的各式 pizza。這裡的早餐菜色種類眾多，咖啡、紅茶是一大壺，還有煙燻鮭魚、日式壽司，也有中式粥品，保證讓你吃到飽飽飽。

從 BTS 的 Saphan Taksin 站往酒店方向前進，沿途小吃攤、餐飲店、超商不少，還會經過規模較小的 Robinson 百貨公司。另外還有好多家按摩店，一小時 300 泰銖，都按得相當不錯，逛街走累了，可以順便去舒壓喔！

🏛 1055 State Tower, Silom Road, Bangrak, Bangkok

🚌 搭乘 BTS 至 Saphan Taksin 站 3 號出口，Charoen Krung Road 左轉直行至 Silom Road 後右轉，路程約 5~10 分鐘

📞 +66-2-624-9999、+66-2-624-9555 (Sirocco、Breeze)

🌐 www.lebua.com、facebook.com/lebua

 優惠房價立即掃

114

Banyan Tree Bangkok
枕頭軟硬度任你選

主播直擊

live 秀

A B   A 酒店外觀
       B 挑高落地窗的用餐區

有些人出國容易失眠，原因不外乎認床或枕頭睡不慣。Banyan Tree Bangkok（曼谷悅榕莊酒店）特別貼心，為旅客量身打造自己習慣的枕頭，讓你一夜好眠。

當你進入房間後，會看到床上有一個木盒子，裡面放了 6 種軟硬度的小枕頭樣本，讓你挑選自己最喜歡（習慣）的軟硬度，選定後會派專人將你的枕頭送來。而酒店也會將你的選擇記錄下來，當下次再入住的時候，就會事先幫你準備妥當。

A | BC   A 房裡的沙發坐起來很舒服
             B 枕頭軟硬度任你選
             C 大廳一角有自家品牌的 spa 產品

酒店位於市中央商業區及大使館區的中心,在 Sathon Nuea 路上,是曼谷最吸引人的薄片外型建築。60 層樓高,讓人從遠處就能看到它獨特的樣貌。大門看起來雖然比較不氣派,不過每個走進來的旅客都會收到一串鮮花做成的手環,花香撲鼻,感覺舒服又有受重視的感覺。如果你住的是商務套房,會有人帶你到專屬櫃台辦理入住手續,等待的時候,服務人員會送上免費飲品,讓你感受到尊榮禮遇。

大廳的角落擺有自家 spa 品牌的精油燈,一進門就感受到 Banyan Tree Bangkok 獨特的味道。這裡最有名的就是「悅榕 SPA」,有 14 間溫泉浴室,每位按摩師都受過專業訓練,在這裡做過一次 spa,你會永遠難忘。

房間內空間寬敞舒適,有迎賓水果。我住的套房,浴室非常大,男生跟女生的盥洗用具分開放在化妝包裡。還有液晶電視,可以邊泡澡邊看電視,也是另類舒壓。房內的桌子上,除了電話之外還有紙筆與精油燈,看得出酒店的細心。

Banyan Tree Bangkok 最吸引人的地方在於知名的 Moon Bar（月亮酒吧），位於酒店 61 樓，擁有炫目迷人的夜景，也是最吸引我的地方。在這裡可以遠眺 W Hotel，也可以看見倫披尼公園（Lumpini Park）！高空酒吧有服裝規定，以 Smart Casual（正式休閒服）為主，女生避免傳統夾腳拖，男生則避免短褲！

頂樓的 Vertigo 餐廳已經是曼谷最佳夜景地標，餐廳強調重現食材的頂級原味，吸引許多時尚名媛到訪。還有位在 52 樓的 Saffron 餐廳，也是這裡最受歡迎的餐館，高高在上的用餐，也是一種難得的經驗。

早餐菜色不算多，卻很精緻，最吸引人的在於搭配麵包、吐司的自製果醬，這裡的果醬都是選用泰國各地盛產的水果，有蘇美島的椰子、巴蜀府的鳳梨、芒果等，喜歡嘗鮮的讀者一定要試試。餐廳窗外造景是一片陽光灑下的綠色竹林，光是看著就感受到一股清涼。

 21/100 South Sathorn Road, Sathorn, Bangkok
搭乘 MRT 至 Lumphini 站下車，步行約 10 分鐘
+66-2-679-1200
www.banyantree.com/en/bangkok

優惠房價立即掃

U Sukhumvit Hotel Bangkok

晚上十點前都可以吃到早餐

當你登記入住的時候，櫃台人員問你：「今天想要的香皂味道是哪種？」會不會有點驚訝？U Sukhumvit Hotel Bangkok（素坤逸酒店）就是這麼體貼、用心，讓你當場可以拿走自己喜歡的香皂回房使用。一走進房間就會看到電視螢幕上寫著你的名字，歡迎你入住，是不是有種很受重視的感覺呢！

A B	D E
C	F

A 大廳櫃台後面的泰國地圖很有氣勢
B 免費嘟嘟車接送
C 沉穩的黑色建築，還有金色 U 字標誌
D 入住時，飯店會提供可選香味的肥皂
E 床又大又舒服
F 牆上木框放著小零食，需另外收費

為什麼推薦 U Sukhumvit Hotel Bangkok？因為這裡 24 小時都可以 check-in 和 check-out，而且凌晨入住就可以凌晨退房，完全沒有損失。萬一錯過早餐也沒關係，到當晚 10 點前你都可以直接要求以客房服務方式免費送餐過來。萬一是急著出門，也可以要求外帶服務，是不是很棒呢！

U Sukhumvit Hotel Bangkok 位於 BTS 的 Nana 站與 Asok 站之間，步行約 10 至 15 分鐘路程。酒店有提供免費嘟嘟車的接送服務，記得外出時要拿張名片，晚上 11 點之前都可以隨時使用。這兩站都是曼谷最熱鬧的地方，逛街可以請嘟嘟車的駕駛送你到 Asok 站，輕鬆逛 T21。體驗夜生活就到 Nana 站，這裡可以看到各種異國文化，有小中東之稱，有道地的印度料理、中東菜。繼續走是韓國區，有各式韓國料理、商店、按摩店。夜晚有很多攤販式酒吧，外國遊客特別多，非常熱鬧！

酒店以泰國六大區域為設計理念，每個樓層各代表不同的區域，大廳櫃台後方是張大大的泰國地圖，設計成樓中樓，可以從 1 樓俯瞰 G 樓。2 樓的圖騰有些像芭達雅的廟，3 樓代表東北，5 樓以皮影戲偶代表南部，6 樓代表中部。

因為房間裡已經附有香茅香皂，所以建議入住前在櫃台挑選的肥皂，可以選擇不同香味的。5 樓房間很大，床也很大很舒服，牆上有泰式壁畫，還有小小書桌區可以辦公，桌上擺的迎賓零食和水果，盡量吃沒問題。浴室地板與牆面都是灰水泥色系，盥洗用具除了牙膏、牙刷需要自備外，其他都很齊全，連體重機都有。

旅客每人都有一杯 welcome drink，你也可以選擇泰國啤酒。房間裡的咖啡不是一般廉價的即溶咖啡，而是研磨好的咖啡豆，並附上濾紙，可以用美式咖啡機現沖，咖啡的香氣很不一樣喔！

泰國酒店普遍都有的高空酒吧，這裡也有。樓頂的游泳池，雖然不算高樓層，但在高樓林立的水泥叢林之中，俯瞰夜景，也挺有味道。空中泳池後面有個戶外區小吧台，供應合理價格的飲料（喜歡小酌的朋友別錯過買一送一的歡樂時光），也可以到泳池旁的圖書館，那裡有電腦、冷氣、沙發，適合放慢腳步靜心。

早上可以到 1 樓 UZZIE 餐廳享用早餐，服務員會讓你點一份現作的蛋類料理，這是免費的。班尼迪克蛋和素豆腐漢堡都好吃，後者的內餡炸得酥酥脆脆，令人印象深刻。一到晚上，這裡就化身為小酒吧，也提供餐點。

C
D E
A B

A 24 小時開放的健身房
B 頂樓泳池
C 2F 的用餐空間，早餐也在這裡享用
D 早餐的水果、麵包，選擇豐富
E 現做早餐

酒店雖然在 BTS 的 Nana 站與 Asok 站間的巷子裡，但街道醒目，非常好找。也因為在巷子裡，多了鬧中取靜的氣氛。這裡是極少數四星級酒店中 CP 值較高，對旅客最體貼的好酒店，推薦給你的朋友入住，絕對有面子！

 81 Sukhumvit Soi 15, Sukhumvit Road,
Klongtoey-Nua, Wattana, Bangkok

搭乘 BTS 至 Asok 站，下車後沿著 Sukhuvmit 15
巷，直走約 7 分鐘

+66-2-651-3355

www.uhotelsresorts.com/usukhumvitbangkok

優惠房價立即掃

Intercontinental Bangkok

便利交通，逛街購物超方便

在所有五星級酒店中，Intercontinental Bangkok（曼谷洲際飯店）擁有四通八達的交通位置，是只想到曼谷購物血拚、參拜四面佛讀者的最佳選擇。

飯店的前身是 Le Royal 酒店，位在 BTS 的 Chit Lom 站旁。正對面是香火鼎盛的四面佛，旁邊有則 Gayson、Central World、Big C 超市，光是逛完以上購物商場，至少得花上二、三天時間，所以說住這裡最為適合。

大廳有華麗的巨型水晶吊燈，璀璨光澤透露出五星級的氣派氛圍。一旁的酒吧可以看見對面的四面佛，還能感受到附近街道瘋狂塞車的景象。但這裡有種鬧中取靜的感覺，所有的喧囂吵雜，都被擋在門外。

泳池在 37 樓，雖然有點小，但可以看到曼谷街景這點很棒。周圍的造景很有在林中游泳的感覺。飯店的健身房是所有五星級酒店當中器材最多的，有針對全身上下不同部位鍛鍊的器材。健身房採會員制，除了旅客以外，多為曼谷菁英分子。在這裡運動的另一大享受，就是能一覽窗外的景色。當然，運動完還可以順便到蒸氣室或按摩池舒壓。Intercontinental Bangkok 的 Spa-Royal Health Spa 可是曼谷少數高高在上且可以看到美景的 spa 喔！

這裡的房間寬敞，有 30 呎長的全開式景觀窗，入住較高樓層可將曼谷夜景盡收眼底，不用出門就能體驗在高空看夜景的感受。房裡有大書桌，燈光也夠亮，對於需要寫文章的我而言，實在太實用了！

A B
　 C D

A 飯店外觀
B 氣氛極佳的雪茄吧
C 超有氣勢的大廳
D 英式下午茶
（照片均由 Intercontinental Bangkok 提供）

A B
C

A 一邊欣賞高空景觀，一邊泡澡很舒服
B spa 高高在上，視野極佳
C 房間內有景觀可看（照片均由 Intercontinental Bangkok 提供）

這裡是商務酒店，旅客多是外國人，早餐的餐廳通常不會客滿。食物選擇很多，連蝦餃、燒賣都有。能喝的飲料多到快數不完，鮮奶、茶、咖啡、果汁、奶昔、優酪，連新鮮的椰子都有。現煮的食物，會提供桌號牌給你，只需將牌子放在廚師面前，無須在現場等候，做好之後服務生就會送到你的桌子上。

這裡每天都有下午茶供應，也有全曼谷最大的巴西壁爐燒烤自助餐廳。The Deli 有精緻甜點與飲料，是曼谷首間特殊的雪茄吧。喜愛品酒的客人，也能在這裡嘗到頂級紅酒（已供應 40 年從未間斷）。還有正統粵菜頤和園、Expresso 義式餐廳等等。

🏛 973 Phloen Chit Road, Lumphini, Pathum Wan, Bangkok
🚇 搭乘 BTS 至 Chit Lom 站，步行 1 分鐘
📞 +66-2-656-0444
🌐 bangkok.intercontinental.com

 優惠房價立即掃

Oriental Residence Bangkok

典雅歐風，亞洲 25 家最佳酒店之一

曼谷每年都有新飯店加入，Oriental Residence Bangkok（曼谷東方公寓）在 2012 年 5 月開幕後，立刻吸引各地旅人前來體驗，我也是其中之一。飯店以公寓式概念為主要經營方向，就是要讓旅遊在外的人有回家的感覺。更於 2014 年獲選旅遊雜誌讀者選擇獎亞洲 25 家最佳酒店之一。

Oriental Residence Bangkok 由得獎無數的美國設計師 Barbara Barry 負責設計，以美式時尚典雅、線條俐落、色彩中性溫和為主要訴求，大廳挑高搭配水晶燈、極具特色的畫框牆、純白與湖水綠的主色調，給人低調的奢華感。大廳左手邊登記入住的櫃台也很典雅，旁邊的沙發區更是美呆了，還沒進去房間，朋友們已經擺好 pose，拍起照來。櫃台人員在你辦理入住手續時，會送上冰涼的飲料，是種頂級服務的表現。酒店共有 145 間客房，樓高 32 層，訂房時可以指定

挑高的大廳，十分典雅的空間設計

A C
B D
　E

A 飯店的外型時尚
B 這裡是曼谷東方文華集團的相關飯店
C 游泳池旁邊有舒服的發呆亭可以躺在那裡看書
D 客房以質感取勝
E Cafe Claire 的早餐也很值得一試喔

高樓層與非吸煙房。若偏愛採光佳房型的話，可以要求轉角邊間。這裡最大的特色是標準套房裡都配有烤麵包機、烤箱、冰箱、電磁爐，使人有像在家裡一樣的溫馨感受。

房間設計相當典雅，湖水綠的主色調有恬靜的感覺，木質地板與泰國頂級奢華家居商 Chanintr Living 的頂級家具，在整體風格上極具質感。開放式廚房設計，還有餐桌搭配，及 TWG 的茶包和三合一咖啡，適合長住型的旅客。我最喜歡浴室內的浴缸，酒店獨有的閱讀架就在浴缸上，泡澡的時候還可以看書、上網，很特別吧！房間裡準備的室內拖鞋穿起來超舒服。這裡的冰箱是兩門型，不是一般小冰箱喔！

游泳池在空中花園旁，屬於開放空間，從這裡可以看到旁邊的美國大使館與倫披尼公園，景色挺美。4 樓的 Play Deck 有露天泳池和舒適的蛋型椅，也可以在池畔享受各種飲料。健身房裡有 TechnoGym 健身器材，也可以到 Playroom 玩手足球。

這裡的 Cafe Claire 餐廳提供早、午、晚餐以及下午茶，曾獲得知名雜誌選出的最佳服務餐廳。在這裡享用早餐非常幸福，因為這裡的茶飲用的是法國瑪黑茶。主餐採用單點方式，一旁有簡單自助區。餐廳搭配超大的透明落地窗，讓客人在用餐同時，能看看窗外的陽光與綠葉，有種置身大自然的清涼感受。餐廳旁有 TWG 專櫃，客房的隨手沖茶品就是這個品牌，比其他酒店更有誠意，至於客房裡的迎賓小點心是馬卡龍，看了就讓人有備受禮遇的感覺。

🏛 110 Wireless Road, Lumpini Patumwan Bangkok

🚇 搭乘 BTS 至 Phloen Chit 站，步行約 10 分鐘

📞 +66-2-125-9000

🌐 zh.oriental-residence.com、www.facebook.com/OrientalResidenceBKK

 優惠房價立即掃

Sleepbox Sukhumvit 22

讓人念念不忘的睡覺盒子

如果你想用最經濟的方式來曼谷旅遊,同時保有住宿品質,那麼我推薦你 Sleepbox Sukhumvit 22(睡眠盒子旅店)。這裡稱得上是最時尚的青年旅店,消費低廉,同時兼具設計感及環保理念。

旅店從興建時就引起不少關注,以鮮紅色大型貨櫃層層堆疊,打造出一間五層樓高的旅店,建築獨特時尚又兼具環保。據說此概念是來自老闆小時候喜歡玩紙箱子,後來和另一位建築師老闆兩人的創意結合。後者將回收舊木箱的環保概念與紙箱子(貨櫃)連結,最後混搭泰國在地藝術家的作品,將所有創意與藝術,建造成今日有濃重英倫風味的 Sleepbox Sukhumvit 22。

這裡共有 45 間房,最便宜一晚 450 泰銖,非常划算。三種房型包括

A B C

A 外觀時尚英倫風
B 睡在貨櫃很特別
C 旅店外走道綠意盎然

四張床的 Story Box，雙人房 Sweet Box 及有兩房一廳的 Special Box。單身旅行者可以訂 Story Box，這裡每間房都有廁所和浴室，而且最多只住 4 人，所以不用擔心搶洗手間的問題。單身女性可以選擇專為女生設置的 Female Dorm。

旅店雖是用貨櫃組成，1 樓的大廳休息區有著懷舊的歐洲色彩，還有透明電梯，即使行李很重也不用擔心。房間多為貨櫃改裝，呈長方形，但走廊不會擁擠。每張床有兩個枕頭，其中較長的可以當抱枕！每間房都有一個蠻大的衣櫃，若選擇的是 Story Box，還有遮光效果奇佳的簾子，可以保有屬於自己的隱私。空間都被妥善運用，適合以經濟為主要考量的旅客。

Sleepbox Sukhumvit 22 部分的貨櫃房有個小型陽台，當睡在床上時，想像自己正睡在一個貨櫃裡面，感覺是不是很神奇呢！而且這裡連客廳、浴室、廁所、飯廳樣樣都有，真的有趣極了！

這裡也提供免費嘟嘟車，接送你從旅店到 Emporium 或 BTS Asok 站。若需要接回旅店，也可以打電話安排。但其實摩托車站和計程車站就在旅店旁，若時間不能配合，隨手一招就有車，相當方便。

🏛 404 Soi Sainamthip 3, Sukhumvit 22, Klong Toei, Bangkok
🚇 搭乘 BTS 至 Phrom Phomg 站，步行約 10 分鐘或請旅店派嘟嘟車來接
📞 +66-2-663-3088
🌐 sleepbox22.com

📱 優惠房價立即掃

Chao Hostel

潮味十足，CP值超高的青年旅館

Chao Hostel（曼谷潮青年旅館）是我住過 CP 值超高的旅館，是少數值得極力推薦、新潮又舒適的住宿好去處。2015 年才開幕，Chao Hostel 完全顛覆一般人對青年旅館的既定印象，這裡極具設計感，只要走出電梯，別說我誇張，愛拍照的朋友們來到這裡，第一件事不是拿護照辦理入住手續，而是先拿出相機或手機，拍個十幾張才會想起該做的事。

Chao Hostel 位於 Siam@Siam Design Hotel（曼谷暹羅設計飯店）的 8 樓，兩家店使用不同電梯，讓旅客不會走錯地方。萬一真的找不到的話，可以問 Siam@Siam 門口的服務員。走出電梯，立刻會被眼前的發光立體街景地圖牆所吸引，天花板上垂掛各式竹簍，非常有

A B C　A 南洋傳統風情的燈飾與獨特立體地圖超吸睛
　　D　B 路旁的招牌十分低調
　　　　C 這裡的東西可以自行取用，也得自行清潔
　　　　D 坐在這裡看書也很舒服

泰國水上人家的感覺。靠牆的地板上，有好幾個懶骨頭沙發椅，讓人忍不住想躺上去慵懶一下。當然也有免費的電腦設備給背包客使用，布置風格與具有南洋風情的燈飾，都非常吸引人。還有超寬敞的沙發休息空間，一點都不像青年旅舍，感覺比很多商務旅館都還要讚呢！而且價格真的是便宜到爆！

房型有六人一間的 Dormitory Room（宿舍房），也有 Comfort Twin Room（舒適房），後者走泰國水上人家的傳統簡樸風，一晚1600 泰銖；至於宿舍房每個人 500 泰銖起跳。房間浴室的用品需要自備，只提供大浴巾，不提供任何盥洗用品、吹風機要跟櫃台借。店家不會主動打掃房間、也沒拖鞋，公共空間有洗衣機和烘衣機可用。

A B
C

A 色彩鮮豔的懶骨頭沙發椅，讓人想躺上去休息
B 交誼廳以深色原木為主
C 走廊上的毛玻璃十分復古

旅館內的 Communal Area（交誼廳）以深色原木為主要隔間，質感提升許多。早餐的交誼廳提供簡單的麵包、餅乾和飲料可以自行取用。當然自己喝完飲料的杯子要自己洗。房外的走廊非常有氣氛，最讓我感到驚喜的是房號。店家利用鏤空的設計，透過由上而下的燈光，將房號直接以光影形式呈現在旅客眼前。天花板上看得到外露的管線和通風管，有點工業風。

這裡有免費 wifi，整層樓有 28 個房間，房間裡禁止飲食，只能喝水，買食物回來吃得在外面的公共區域。這裡非常適合喜歡結交新朋友的人，或是朋友相約一起來旅行也很適合。附近有 MBK Center、Siam Square One、Siam Center、Siam Paragon、Central World、Tesco Lotus 大賣場等商場，也很方便。

🏛 8th floor,Siam@Siam building,, 865 Rama l
　Road, Wang Mai, Pathum Wan, Bangkok
🚇 搭乘 BTS 至 National Stadium 站，步行 3 分鐘
📞 +66-2-217-3083
🌐 facebook.com/chaohostel

🛏 優惠房價立即掃

Oneday Hostel Bangkok
慵懶又舒適，豪華版青年旅社

交誼廳的大長桌

Oneday Hostel Bangkok（曼谷一日旅店）從外觀來看完全不像一般青旅，由馬路上望去，四周充滿各式綠色植物，給人一股清涼的舒適感。1 樓的空間分為三個區域，一邊是知名連鎖咖啡廳 Casa Lapin X26，一邊是 Forward Coworking Space，也就是旅店的公共空間，一邊則為旅店櫃台。

Casa Lapin X26 設置了露天區，以沙發、吊燈等裝潢，讓客人感受到舒適與放鬆的氣息。提供自家烘焙的咖啡豆、茶點、泰式簡餐和啤酒等多重選擇，不定期調整餐點內容以滿足客人的口味需求。

Oneday Hostel 的櫃台，牆上有張泛黃的世界地圖，牆壁是由紅磚

瓦堆砌而成,幾張復古皮沙發,看起來非常有味道。天花板管線外露,走粗獷工業風設計,櫃台 24 小時都有人服務。這裡唯一的缺點是需要爬樓梯,優點是只有兩層樓。大廳角落滿滿的綠色植物,另一邊是淺色的木桌椅。

咖啡廳旁的小木屋 Oneday Wallflowers 花店,有從曼谷最大花市搜集而來的各式鮮花,排列成牆吊掛的乾燥花,有種特別的氛圍,像被療癒般舒服。交誼廳外有螢幕很大的電影播放室,公共用餐區天花板用透明的玻璃帷幕,布置得像個小花房,販售汽水、啤酒,並有免費的咖啡、茶、可可粉、小餅乾 24 小時無限量供應,門外有貼心提供給吸煙者使用的小椅子。公共餐廳白天和晚上各有不同的情調,白天陽光充足,在這裡享用自己準備的早餐別有一番滋味呢!

公共廁所與浴室的男女區分標誌是兩件 T 恤,很有意思。如果想要更節省,同時認識來自世界各地的新朋友,可以選擇 4、6、8 人一間的共享房間。上下鋪及床位的安排巧妙運用空間,讓室內完全不顯得擁擠,有學生宿舍的感覺;除男女混宿外,也有專門供給女生的房型。每張床都有自己的櫃子以及燈具、不透光床簾,完全不用擔心睡相被看見,可以保有個人隱私。

A B C D
  E

A 夜晚的外觀
B 接待櫃台
C 紅磚瓦所堆砌而成的牆壁，很有復古氛圍
D 長桌區適合交朋友
E 房間以簡約取勝

2 樓的設計有種美式復古風的特色，客人都把鞋子脫在入口處，以維持房間內的整潔。旅店主人的設計理念是，不要早出晚歸後就回到各自的房間。公共空間舒適且全天候開放的目的，就是希望旅客可以來這裡結交一些喜愛旅行的朋友，而不是只有單純的睡覺而已。

Oneday Hostel Bangkok 位在曼谷的 Sukhumvit 路 26 巷裡面，斜對面有一間好吃的泰式米粉湯，巷口有 7-11 和 Naraya 曼谷包專賣店，到哪裡交通都很方便。

🏛 51 Sukhumvit Soi 26, Khlong Tan, Khlong Toei, Bangkok
🚇 搭乘 BTS 至 Phrom Phong 站 4 號出口，步行約 5 分鐘
📞 +66-2-108-8855
🌐 www.onedaybkk.com/home.html

 優惠房價立即掃

Chapter 5

虔誠國度

跟著玩樂主播祈願拜拜好安心

Praying in Bangkok

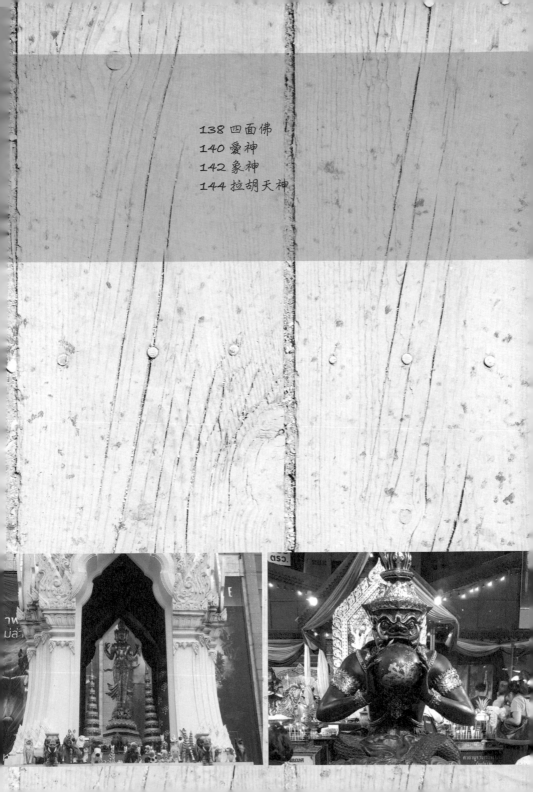

四面佛 Four Face Buddmst

神祕的力量，曼谷最有人氣景點

泰國的四面佛在台灣早已聲名遠播，在泰國更是無所不在。從各式商場、大小飯店甚至私人住宅旁，都可以看見小亭子供奉著四面佛。神像周圍永遠人潮不斷，佛像全身金碧輝煌，四面各自代表事業（手持權杖）、愛情（手持貝殼）、健康（手持佛珠）與財運（手持金磚），祈求生意興隆、姻緣美滿、平安健康、招財進寶。

四面佛原名「大梵天王」，有四面、八耳、八臂、八手，性情溫和，充滿慈悲、仁愛、博愛、公正性格，具有慈、悲、喜、捨之心，所以信眾祈求事業、愛情、財運、平安，都能如願。這也是四面佛在泰國以外的國家同樣擁有高知名度的原因。

A 每年 11 月 9 日是四面佛誕辰，當天會有許多國外名人、明星雲集於此，前來上香還願
B 還願時，也可花 700 ～ 800 泰銖，請舞者做約 3 ～ 5 分鐘的表演

A ｜ B

泰國最知名的四面佛 Erawan Shrine 就位於曼谷市中心。據說在 1956 年 Erawan 酒店（君悅酒店前身）興建期間，發生了一連串的不幸事故。酒店請來一位法師，遵照其建議在此供奉四面佛，這才順利完成酒店的興建。但 2006 年 3 月，有位精神病患者在喝醉酒後，拿鐵鎚將四面佛毀壞。所以目前我們所看到的，是經過重新鑄造的四面佛。

🏛 Lumphini, Pathum Wan, Bangkok
🚆 搭乘 BTS 至 Chit Lom 站 2 號出口方向直行

四面佛要怎麼拜？

我請教過當地朋友，他們告訴我許願的唯一注意事項，就是在每一面佛像前都要說一模一樣的許願內容，這樣達成願望的機會比較大。拜拜時要順時鐘方向，正面之後往左（現場有非常多的信眾，如果不記得順序，只要跟著當地香客走就對了）。

許願內容必須有姓名、家住哪裡（國籍）、今天想祈求的事項及願望達成後將如何還願。記住，還願的內容由許願者自己決定，千萬不能忘記自己對四面佛許過的願望及還願事項。若沒有把握再回曼谷還願，許願時可以說「有機會」再回來還願；或者是願望成真後，會到住家附近的四面佛參拜。否則單純拜拜就好，不要輕易許下承諾。

拜四面佛時要準備 12 柱香、1 支蠟燭、4 串花。從入口處的正面開始，順時針的方向祭拜。泰國拜佛要雙掌合十，把香夾在雙掌中。泰國人習慣跪著祭拜，有的還會脫鞋赤腳跪拜。拜完一面後，將手上的三柱香插在神像左側的香爐中。點燃蠟燭後一併插入香壇之中。順時鐘依序拜完四面，就算大功告成了！前來還願的時候，可以買大象的雕刻品，或在四面佛旁的櫃台登記，請舞者跳舞酬謝！如果許願時有特別說明還願的禮品，就直接帶來供奉即可。

愛神 Trimurati

法力足以媲美霞海城隍廟的月老

所有台灣單身適婚年齡的男女，肯定都知道台北霞海城隍廟的月老是促成姻緣最多的廟宇。而在泰國求姻緣，當地所有人都知道曼谷的愛神最靈驗，如果你也想要有一段好姻緣，來到曼谷，別忘了跟著我一起這樣做。

傳說中，愛神跟好兄弟同時愛上一位仙女，最終祂選擇兄弟情，黯然離去。佛祖憐憫祂的情操，封他為愛神，並賜祂能力去幫助人世間的愛侶，為誠心祈求的善眾覓得良緣，讓有情人終成眷屬。

愛神有三個面向，一面代表感情順利、家庭圓滿，一面代表財富，一面則是事業順利。源於印度教三大主神濕婆（Shiva）、毗濕奴（Vishnu）和大梵天（Brahma）三位一體的化身，擁有火、風、光三種能量，可為愛情帶來魅力、財富、地位，虔誠地禮拜愛神，能實現夢想中的愛情與姻緣！

愛神的聲名遠播，成為許多單身男女祈求愛情的第一去處。聽說泰國當地的命理老師也會推薦感情上遇到瓶頸的人去拜愛神，就連名媛貴婦們也會去祈求愛神，讓她們在婚姻中受寵愛，擁有馭夫術。而由於泰國人的包容性很大，對不同的宗教信仰甚至性別，都有著比我們更寬容的態度，因而在愛神面前也有來自世界各色人種、同性戀者、人妖、變性人等，前來祈求愛情。

曼谷的愛神所在位置跟四面佛一樣，在 BTS Chit Lom 站附近，就位於 Central World 旁的 Isetan 伊勢丹百貨公司門口。

🏛 Lumphini, Pathum Wan, Bangkok
🚇 搭乘 BTS 至 Chit Lom 站 2 號出口，直行約 4 分鐘

愛神要怎麼拜？

參拜愛神的供品是紅蠟燭 1 對、紅玫瑰 9 朵、紅色香 9 支、紅色水果、甜品（禁止葷食），附近攤販有售。香裡附有一張印著咒語的紙條，邊拜邊唸（泰文，外國人可以不用唸）。點香後，拿著玫瑰跟蠟燭跪拜許願，告訴愛神自己的姓名及居住地，並將許願的內容仔細說明。再將香插進香爐，最後在花壇前點上蠟燭。可以祈求愛情降臨，或你喜歡的人能夠愛上你。據說愛神最喜歡紅玫瑰，所以在愛神像的周邊都是信眾供奉的玫瑰花。

聽說最好的許願時間在每週四晚上 9 點半，最好穿紅色衣服。因為這個時間愛神會親自下凡，聽取信眾的願望（也有人說是晚上 6 至 7 點）。還願方式則依照自己許願時所許下的承諾。如果忘了還願的內容，可以用白開水、紅色水果、紅玫瑰 9 朵或是大象來向愛神還願。

象神 Ganesha

密宗的黃財神，求財最靈驗

泰國的象神，在密宗被稱之為黃財神，也有人稱祂紅財神或智慧神，是泰國民眾求財的最佳對象，當然祈求事業順利，象神也會全力幫忙！我就有親身經歷過，求工作順利、財源廣進，很靈驗的。

傳說象神是濕婆（Shiva）與雪山神女（Parvati）的兒子，是在濕婆離家時被生下，長得十分高大強壯。一日雪山神女要去沐浴，囑咐兒子不能讓外人靠近偷窺。湊巧此時離家多年的濕婆返來，祂一見家門口竟然站著一個高大英挺的年輕人，兩人一言不合就拔刀砍下兒子的頭。得知自己犯下的錯誤後，濕婆立刻祈求毗濕奴。對方交代祂往指定的方向走過去，看見第一個生物將其頭砍下，裝在兒子的脖子上，就可以使兒子復活。濕婆遇上大象，於是取得象頭，放在兒子的身上，因此就成了象頭人身。

只有 1 支象牙的原因是，負責抄寫史詩摩訶婆羅多的神人把神筆寫壞。象神於是把自己的右牙折斷，沾上墨水，繼續抄寫，終於把大史詩整篇抄錄下來。象神的外形只有 1 支象牙、4 隻手臂（手上持有 4 種法器金剛杵、念珠、刀、蛇等）、體色黃或紅，坐騎是一隻老鼠。據說老鼠象徵慾望，象神坐在上面負責控制慾望成為動力，改善財運。

傳說象頭代表智慧、象鼻代表宇宙的第一個聲音嗡。大耳朵是為了仔細聆聽人們的祈求，保持連結。大肚子可以讓經驗進入，順著生命前進，克服所有不公平的事。手上的法器可以替人們破除一切的困難，斧頭可以砍斷不必要的執著，斷掉的 1 支象牙代表信守承諾與犧牲。

泰國是個包容力非常高的國家，任何種族的人在這裡都一視同仁，甚至變性人、同志，都與一般人享有相同的民主與福利。至於各種宗教信仰在泰國也是一樣受到尊重，如果在泰國看到關老爺的廟宇或各式教堂，也不用驚訝，這裡有求必應。

🚇 搭乘 MRT 至 Huai Khwang 站 2 號出口
🕐 24 小時開放

象神要怎麼拜？

拜象神時，需要準備黃色的香以及黃色蠟燭 1 支，其他的供品可以參考四面佛供品，只要不是葷食即可。將香點著後，跪拜許願，首先說明自己的姓名以及住址（國籍），再將願望仔細稟明，說完還願方式後把香插進香爐，再點上蠟燭即可。泰國人會用鮮奶、香蕉供奉象神，願望成真後則會供奉木雕的人象、馬或長頸鹿作為酬謝。

拉胡天神 Phra Rahu

百倍奉還，專驅小人之天神

到曼谷 Huai Khwang（匯狂夜市）逛過街的人都知道，在 MRT 出口的夜市口附近有間香火鼎盛的象神廟。這裡除了供奉象神外，還有嫉惡如仇的拉胡天神。不要不相信，每晚來這裡拜拉胡天神驅小人的信眾，多到你無法想像。在台灣，大家都知道戴尾戒可以防小人；在泰國，防小人就要佩戴拉胡天神的佛牌。拉胡天神的外形一身黑，只有上半身，頭戴華蓋，豹眼獠牙，口中咬著太陽或月亮，神情十分兇惡，使人望而生畏。

傳說當年印度神明比釋奴煉製成不死神丹，要獻給天上的神人服用。

144

拉胡知道後扮成神人混入其中，服下神丹。日神和月神將此事告知比釋奴，使得拉胡身體被劈成兩段，由於當時遭受誣蔑的拉胡已服下不死藥，成了只有上半身模樣。因此，祂發誓要將天地間所有小人一一消滅及吞噬。佛像口咬月亮的樣貌就是這個原因。而泰國人也把日蝕、月蝕當成是拉胡天神對日月兩神的懲罰，每逢日蝕或月蝕，便會作法會祈求拉胡天神庇佑眾生。

在泰國，拉胡天神是一位恩怨分明，有仇必報的天神，最厭惡不光明正大，喜歡在背後搞小動作的人或邪靈。祂有個別名食小人佛，正因為如此，在職場上被小人搞鬼、生意上被奸人所害的人，最需要拉胡天神幫你避開小人和莫名其妙的霉運。日本職場有以加倍奉還出名的半澤直樹，在泰國有百倍奉還的拉胡天神，所有小人、邪靈速速撤退。因為拉胡天神就是神明版的半澤直樹，只要有小人在，拉胡天神一定百倍奉還。

每週三晚間 9 點 45 分在 Huai Kwang 站的象神廟前，都會聚集上百名信眾，持黑香和主持人一起念經祈求降神法會。別以為這麼晚哪來人潮，現場還是有近百位上班族男女，而且不乏外國人呢（莫非職場小人真的那麼多）。

🚇 搭乘 MRT 至 Huai Khwang 站 1 號出口
🕐 每日 09:00~17:00、週三 09:00~21:00

拉胡天神要怎麼拜？

信徒們會花 20 泰銖買花，再花 60 泰銖買飲料（牛奶和糖水）、香和蠟燭。香和蠟燭得依照你出生當天是星期幾，廟方會給代表的顏色，來之前最好先查清楚喔！像我是週二出生的，所以拿到的蠟燭和香是粉紅色。據說拉胡天神掌管黑夜之故，準備黑色供品可以祈求平安順利、小人遠離，連拜拜的香也是黑色。

Chapter 6

近郊小旅行

跟著玩樂主播來去芭達雅與華欣
Fun in Pattaya & Hua Hin

近郊小旅行
芭達雅
Pattaya
東方夏威夷

玩　　吃　　住

芭達雅是聞名世界的旅遊景點，

有陽光沙灘、夕陽海景、人妖秀、水上樂園、3D 美術館……

南國風情讓人忘卻城市喧囂，吸引許多觀光客前來，

想住平價旅館或是五星級飯店，

想品嘗特色小吃或者景觀餐廳，

這裡通通都有。

Tiffany's Show

沒看過人妖秀，別說到過泰國

泰國人妖秀的表演團體有幾家，其中我最推薦 Tiffany，因為他們的表演最精采，歌曲的更新速度最快，表演者也最美麗。Tiffany's Show（蒂芬妮秀）一天有三場，舞台排場非常豪華，全程禁止拍照，只要一拿起相機或是手機拍照，就會有雷射筆指向你做出制止。

Tiffany's Show 成立於 1974 年，最初只有 3 位成員，以模仿瑪麗蓮夢露的歌舞起家。由於對嘴、舞蹈一氣呵成，加上表演者比女人更女人的優美身段及外貌，很快打響知名度。如今 Tiffany's Show 早已成為芭達雅主要景點之一，劇院有上百位表演者，每個都有過人的舞蹈才華，演技精湛。

A	D E
B C	

A 舞台豪華，燈光耀目
B 表演廳外觀
C 難得進入後台訪問表演者
D 表演結束後，可去找表演者合照
E 在後台過過化妝的癮

Tiffany's Show 在 2001 年曾獲得全球十大最美表演第四名的成績（法
國紅磨坊〔 Moulin Rouge 〕第一名）。Tiffany 每年舉辦人妖選美活
動，歷年來選出的冠軍都漂亮極了，其中 Poyd 不僅 19 歲就被選為
最美人妖第一名，更參加港片《掃毒》演出，已經做過變性手術的她，
更是許多男人想娶的對象。

Tiffany's Show 表演時間約 75 分鐘，內容針對多數觀光客的喜好為主要編排，搭配時下流行歌曲以及國人耳熟能詳的國語歌，也有韓文、日文歌舞，總能讓觀眾有機會跟著台上表演者一起哼唱幾句（仔細回想起來，好像沒有聽過泰文歌曲呢）。還穿插簡短有趣的舞台劇，很熱鬧！我曾經在 Tiffany's Show 上聽到《燒肉粽》、《何日君再來》、《小蘋果》、江南大叔的騎馬舞，舞台燈光、音響效果、表演者樣樣都吸引人，不論如何，來到泰國一定要看場 Tiffany's Show，才真的不虛此行喔！

每場人妖秀結束後，表演者都會穿著舞台裝來到會場前的噴水池旁，等待觀光客找他們合照，賺取小費。這是難得的機會，女生可以跟人妖同場比美，男人可以滿足小小的虛榮心，左擁右抱開心一下。

🏛 464 Moo 9, Pattaya 2nd Road, Nongprue, Banglamung, Chonburi
📞 +66-0-384-21700 (-5)
🕐 每日晚上 6 點、7 點半、9 點，旅遊旺季可能加場
🛜 tiffany-show.co.th

全世界最大的 3D 幻覺立體美術館

一般美術館大部分都不讓遊客拍照,對於喜歡拍照,將美景存放的遊客而言,芭達雅的 Art In Paradise 剛好可以滿足你的慾望,而且是不管你要拍多久,都沒有人會管你(但規定不能使用閃光燈)!

幾年前,釜山弘益大學成立 Trick Art Museum(特麗愛 3D 美術館),館內設計視覺效果,讓遊客可以與畫中人物互動,融為一體,效果幾可亂真。芭達雅也開設全世界最大的 Trick Art Museum,來到這裡可以玩一整天也不會無聊,因為這裡的 3D 畫作超多。

或許有人會覺得美術館有啥好玩的!千萬別小看 3D 效果的作品,每一幅畫都不需要戴上特製眼鏡,就能感受到它的立體感。不僅看還可以觸摸得到,例如:畫中的大象將象鼻伸出來,你可以捉住象鼻來張

A	B
C	D

A 立體美術館大門
B 畫中的人栩栩如生
C 感覺自己變成了巨人
D 有沒有很立體？就像雙手撐住往下滑的汽車

合照；還能做勢畫張蒙娜麗莎、走在獨木橋上、坐在沙發裡、化身人魚公主、置身埃及金字塔裡、坐在飛毯上……

館內照片有近千幅之多，包括海洋地帶、動物園地帶、經典畫作地帶、埃及地帶、大城地帶、泰國地帶、超現實地帶和恐龍地帶。如果你想和畫作拍張天衣無縫的合照，只要照著每幅作品旁的小圖，依樣畫葫

A B
C
A 來張沙灘打排球照
B 有動感嗎
C 離心力

蘆，效果絕對會很逼真好看。但若是想和每一幅作品拍照的話，可能要花上幾個小時呢！

Art In Paradise 耗資 6 千萬泰銖，占地 5 千 8 百平方米，牆壁上的作品利用不同的光影折射的原理，呈現出 3D 的立體幻覺，除了用看的，還能跟它們互動。一般美術館多週一休館，但 Art In Paradise 不同，全年無休，每日早上 9 點至晚上 9 點開館，票價為 500 泰銖。是芭達雅少數適合全家同遊的好去處。

🏛 78/34 Moo.9 Pattaya Sai 2 Road, Pattaya, Nongprue, Bang Lamung, Chonburi Chon Buri
🚌 在泰國當地可直接乘坐雙條車前往
📞 +66-38-424-500
🕐 09:00~21:00(最後售票時間 20:00)
📶 網路購票 www.thailandfans.com/blogs/details/862

Cartoon Network Amazone

全球首座卡通主題水上樂園

Cartoon Network Amazone 以亞馬遜熱帶雨林為藍本，用 Cartoon Network 場景為設計主題。園區內充滿濃濃卡通味，不論是滑水道的場景設計，或卡通明星公仔隨處可見，是大小朋友都喜歡的水上主題樂園。園區面積約 14 英畝，設有 6 個遊樂區。在這裡，除了可以享受休閒的遊樂設備，也可以體驗冒險刺激的水上活動。

走進園區，一眼看見設計可愛的超大兒童滑水道 Cartoonival，卡通頻道的明星們交錯坐落在色彩繽紛的滑水道上。這裡集合了滑水梯、水桶、噴水孔及隧道等等，水道足足有三層樓高之高，還有專為小朋友設立的互動水上堡壘。前方設計可愛的桌椅，貼心提供給不下水的家長們坐著看寶貝們玩水。

先來跟知名卡通人物來張合照

A
B C

A 樂園入口處
B 全部是華納卡通的主題人物
C 很可愛的 powerpuff girls（飛天小女警）

Adventure Zone 四條彩色滑水道設有兩段式高速俯衝段，趴在滑板上急速俯衝而下，刺激又好玩。以《探險活寶》中老皮狗 Jake 設計的滑水道，有近 60 度的斜坡，像是 Humungousaur 的入門版，比較大膽的小朋友也可以嘗試。香蕉轉盤 Banana Spin 有布滿香蕉圖案的盤狀滑水道，讓遊客感受到如置身洗衣機中的奇妙感受。

還有以 Lady Rainicorn 為主題的滑水梯、充滿挑戰性的 Surfarena 滑浪機、特定時間上演 Live Show、人工造浪池 Mega Wave，以及戲水河道 Riptide Rapids，讓遊客感受不同的水上樂趣。Ben 10 中超強外星生物 Four Arms 的紅色頭部，變身成了容量達 1,000 公升

D　E
F　G

D 滑水道千變萬化，種類繁多，吸引大小朋友目光
E 滑水道坡度有 60 度
F 園區內隨處可見白色搭棚的 VIP 休息區，只是一天要 2000 泰銖
G 卡通造型的設施特別吸引小朋友

的巨型水桶，定時傾倒，可以在這裡體驗瀑布沖在身上的感覺。（園區沒有硬性規定大人不能玩兒童區的設施。）

以 Ben 10 為主題的 Omniverse Zone 區最刺激，建築有七層樓高，最高的兩層樓就有幾種不同的極速滑水道，各有不同玩法。還有近乎 90 度、名為 Humungaslide 的 U 型斜坡，從 23 公尺處高俯衝而下帶來的超強離心力，有種被怪物吞進肚子的錯覺，既刺激又過癮。Goop Loop 看起來像是普通的太空艙，當你進入艙內，幾秒鐘後腳下的閘門會快速打開，然後你將以高速完全無重力的狀態垂直落下，心臟不夠力的人最好不要輕易嘗試喔！

🏛 888 Moo8 Najomtien, Sattahip Chon Buri

📞 +66-38-237-707

🕐 10:00~18:00

🌐 www.cartoonnetworkamazone.com

J Park

古都氛圍日本村，濃濃和風好悠閒

J Park 以古日本建築為藍本規劃，針對四季不同的風貌，呈現出濃濃的日本文化氣氛。正門入口紅白燈籠高高掛起，古樸的屋宇、小橋流水造景，古色古香，種種面貌都會讓你有種彷若置身古代日本的感覺。吸引了不少攝影師前來取景，也有新人選在這裡拍婚紗照呢！

J Park 於 2014 年 10 月正式開幕，距離芭達雅只要 20 分鐘車程，近年來已經成為曼谷往芭達雅途中，遊客最喜愛的景點之一。這裡有 MaxValu 超市、日本藥妝店、服飾店，還有 60 泰銖店 DAISO、華歌爾內衣專賣店。對喜愛日本的遊客而言，肯定會有賺到了的驚喜。唯一與日本不同的是，泰國的氣溫總是居高不下，熱情得不得了。

Fun in Pattaya & Huahin

A J-Park 的指標
B 仿日本淺草雷門和商店街，可以在此逛街購物
C 日本超市什麼都賣
D 旅泰的日本人，可以到此地解鄉愁
E 好吃的日本麵
F 日式花園造景

A	B	D	F
	C	E	

仿日本淺草雷門和商店街的設計，庭園造景也充滿和風味，除了可以逛街購物、體驗日式風情外，更是提供旅泰日本人治癒思鄉病的好地方。還會不定時舉辦表演與活動，例如日本人在慶典時舉辦的園遊會。每當舉辦園遊會時，除了商店也有很多小攤販，大部分是泰式點心和小吃。還有小攤子專門販售日式小物件，只要有辦活動，都是越晚越熱鬧。樓上有收費的兒童遊樂區，可以讓小朋友在那裡玩得很開心，還有小朋友最喜愛的遊樂場 kidzooona。

這裡有 11 家日本餐廳，販售日式豬排、小火鍋等等，除了日本最受歡迎的餐點，也有泰式料理。這裡的甜點店都有提供免費無線網路，你可以將拍下的美麗照片上傳，即刻與好友分享。露天廣場裝飾著鯉魚旗，每個角落都有洗手間。最特殊的地方在於標示男女之別的圖案，是穿著和服的男女。

🏛 1 Moo.6 Sriracha-Nongkro Road, Surasak, Sriracha, Chonburi (By Pass No.7)
📞 +66-38-338-444
🕐 10:00~22:00
🌐 saha-jpark.com

Jomtien Thale Phao

泳池畔海鮮燒烤，399值回票價吃到飽

不要說我都教大家亂花錢，我可是很努力用最合理的價錢，找到最超值的服務呢！來到芭達雅一定要到這間 Jomtien Thale Phao（鍾天池畔燒烤）吃海鮮燒烤，因為真的非常非常超值，399 泰銖吃到飽，你怎麼能不去試試呢！

Jomtien Thale Phao 是朋友帶我去的，不是很好找，建議大家去的時候要看名片，請嘟嘟車司機帶你去，或打電話給老闆 khun M。另外，秀出本頁的圖，說是看玩樂主播 khun DJ 的書，本來 399 泰銖只能用餐 1.5 個小時，我特別請老闆優惠大家可以再延長點時間！

這裡是當地人很愛的平價海鮮燒烤吃到飽，只要花 399 泰銖就能吃到泰國蝦、蝦蛄、螃蟹、扇貝、鮮蚵……甚至烤乳豬通通吃到飽。非

常划算，尤其是愛吃海鮮的朋友，絕對可以讓你大飽口福。

但是我要先提醒大家，這裡是露天燒烤，而且是用炭火烤。所以很怕熱或是擔心烤完身體會有燒烤味的人，最好不要來，但是如果你很入境隨俗，或是很愛吃海鮮，或是根本覺得上輩子就是泰國人，那你一定要來試看看。我覺得這間店最大的好處就是有泳池，在池畔烤肉其實挺惬意的！

A | B D
　| C

A 在鍾天池畔吃燒烤
B 泰國蝦、蝦蛄都可以烤
C 海鮮隨你挑
D 當地朋友帶路才能找到如此好吃又便宜的燒烤

🏛 Ban Na Jomtian,Chon Buri
📞 +66-95-329-6779
🕐 16:30~23:00

Rimpa Lapin

讓人怦然心動的懸崖景觀餐廳

很多人問我泰國的芭達雅有沒有像樣點的餐廳？答案是：很多。但是說到浪漫的懸崖夜景就非 Rimpa Lapin 莫屬！這裡曾被泰國媒體譽為「全泰國最浪漫的夜景餐廳之一」。

難得的是，菜色整體來說都非常有水準，而且價格從 100 多泰銖起跳，算是非常經濟、氣氛又佳的餐廳。主食鳳梨炒飯的肉鬆和炒飯特別地搭，米粒又不會炒得過軟，搭配葡萄乾和新鮮鳳梨丁、火腿丁，真的好香、好好吃，忍不住一下就吃完一整盤。咖哩炒蟹肉是用咖哩

A B | B C
      | D

A 海景餐廳當然靠海
B 用餐環境很特別
C 鹹蛋炒花枝是我每到必點
D 鳳梨炒飯是我的最愛之一
E 鮮美的起司焗扇貝

炒活沙公，如果預算夠，還是建議吃活蟹好。我就曾經為了省點錢，點事前剝殼好的冷凍蟹肉，幸好蟹肉部分雖無法與活沙公相提並論，但是咖哩蛋香還是沒變。

個人覺得在泰國還是吃金錢蝦餅就好，這裡的月亮蝦餅沒有台灣阿明師做的好吃（不夠厚又不夠香）。正宗泰式涼拌青木瓜沙拉這道非常開胃爽口，記得要事先請服務生減低辣度，否則吃了嘴巴會噴火喔！什錦炒蔬菜、叢林烤牛肉也都很好吃。我最愛起司焗花枝，鹹中帶甜，又不失花枝的嚼勁，而且是我在其他泰國餐廳還沒看到過的菜色，想嘗鮮的朋友可以試試看喔！

若是黃昏前來，還可以看到白天和晚上的不同風貌，這裡也很適合拍照留念喔！要提醒讀者們，餐廳週六、日是不接受晚餐訂位的。建議5點半前到現場，否則搶不到好位子，而且還有得等呢！

🏛 Na Jomtien 36, km 160 Baan Amphoe, Sattahip, Pattaya
📞 +66-38-235-515
🌐 www.rimpa-lapin.com

The Glass House

夢幻玻璃屋，無敵海景與夕陽

來到 The Glass House（玻璃屋浪漫海景餐廳），絕對會被這間以玻璃為大部分建材的房子所吸引。2014 年底上映的超人氣泰國電影《我很好、謝謝、我愛你》即在此取景，吸引許多當地追星族到訪。

The Glass House 位在南芭達雅的鍾天海灘（Jomtien Beach），距離市區約 20 分鐘車程。這裡和一般傳統的餐廳空間不一樣，幾乎都是戶外的空間，沒有屋頂及邊牆的設計，看著無邊的大海享受美食，只要來過一次，就會喜歡上這裡難得的度假氛圍。

The Glass House 用舒服的白色為主色調，打造出採光極好的玻璃屋，營造出優雅且浪漫的氛圍。在這裡用餐有三大區可供選擇，一是玻璃屋前的半露天座位區，可以同時看到海面與玻璃屋的景色。戶外區有提供大型的電風扇，用餐時不致太熱。也可以往沙灘走去，那裡有露天夢幻沙灘座位區，許多情侶都選擇在這裡用餐。雙腳踩在既軟且暖、又很乾淨的沙灘，看著美麗的大海享用桌上的佳餚，加上身邊的伴侶，也太幸福了！如果不想在完全沒有間隔的地方用餐，還有整排背牆面海的用餐區，分為三層，讓每層的客人都可以

A 玻璃屋海景餐廳外觀
B 餐廳一角
C 沙灘用餐區
D 半露天座位區
E 選擇很多的甜點區
F 椒麻醬炒蝦也很好吃

AB	CD
	EF

毫無阻礙地欣賞眼前的美麗海景。

The Glass House 主打泰國菜與海鮮料理，店家推薦的生鮭魚沙拉，沒有泰式涼拌菜酸辣，有橄欖油和紅洋蔥的香氣，味道蠻特別的。新鮮的蝦炒泰式椒麻醬，口感辣香酸甜，是道開胃又美味的菜色。清蒸酸辣海魚，肉質甜美，讓人一口接一口！涼拌花枝以燙熟的花枝直接搭配生菜，花枝肉質軟硬適中，搭配生菜，沾著特製酸辣醬食用，口味令人驚喜。烤花枝和花枝蛋是在泰國很普遍的一道料理，每次去必嘗！

來這裡千萬不要走錯餐廳喔！沙灘上有幾家規模也挺大的餐廳，只是 The Glass House 坐滿了客人，旁邊的餐廳卻門可羅雀。別問為什麼，我只知道這裡的食物好吃！

🏛 5/22 Moo 2. Najomtien, Sattahip Chon Buri
📞 +66-38-255-922、+66-81-266-6110
🕐 11:00~24:00
🌐 glasshouse-pattaya.com

La Ferme

讓人吮指回味的法式烤春雞

在泰國，如果每天吃泰菜吃到膩，沒關係，介紹大家去吃法國菜和清邁菜。這間開在芭達雅的 La Ferme，裡頭有一道必點的法式爆漿旋轉烤春雞，口感超好，非吃不可。

La Ferme 的裝潢非常漂亮，牆面與地板瓷磚以黑白兩色為主，看起來相當時尚，店內則充滿黑、白、紅三種主要色彩。設有戶外用餐區、採光特別好的室內花房區及一般室內區。選定好你要的座位，再來慢慢選擇想吃的美食！

必點的法式爆漿旋轉烤春雞，搭配現炸薯條和沙拉上桌，佐醬是法式芥末籽美乃滋醬，酸中帶甜。重點是烤雞嘗起來一點都不會乾乾柴柴的，油滑順口。即使不沾醬，本身也有屬於烤雞的香氣與滋味，相當值得嘗試。我特別詢問主廚才知道它是怎麼烤出來的：廚師會先將雞肉調味醃漬，待充分入味後，再將春雞放在國外引進的旋轉烤爐，以360 度的烘烤，緊緊將肉汁鎖住，難怪如此美味，越吃越涮嘴！

AB CE
D

A 必點法式爆漿旋轉烤春雞
B 旋轉慢烤
C 泰國菜也很好吃
D 餐廳以黑白紅為主色調
E 吧台非常西式

焗烤九孔也是必點的菜，起司味香濃，但不會搶過海鮮本身的鮮甜味喔！這邊除了正統的法式料理外，還可以點清邁的 Khao Soi，也就是泰國北方的傳統麵食。另外還有泰式炒河粉，佐料有檸檬、韭菜、豆芽、辣椒粉和花生粉，在法式餐廳品嘗，感覺也特別高級，乍看之下，擺盤確實有像歐洲菜呢！特調的蒜蓉醬搭配田螺，吃起來真的很讚！餐廳也提供比五星酒店還要扎實、好吃又有口感的各類法式麵包，愛吃麵包的朋友一定要試試。

🏛 164/3 Moo 5 Pattaya-Naklua Road, Naklua, Banglamung
📞 +66-38-426-825
🕐 11:00~23:30
🌐 www.lafermopattaya.com

Edge @ Hilton Pattaya

度假最高境界，希爾頓海鮮自助餐

光看店名 Edge 就知道餐廳位於海與陸地的邊緣（其實是在交界處才對），遊客可以邊用餐邊看海。180 度的視野，可以讓你一覽所有進出的船隻、從事海上活動的遊客及美到爆的海景。景色十分迷人，隨便拍都像是明信片上的風景照。至於夜晚的景色，則有種浪漫燭光的唯美感受。

Edge 是芭達雅希爾頓酒店裡的五星級餐廳，位於最新、最大的購物商場 Central Festival Pattaya Beach 裡，15 樓以下是 Central Festival 百貨公司。餐廳則在酒店的 15 樓，有室內與戶外，室內又分為半開放包廂及一般用餐區。在一般用餐區裡，還以不同顏色沙發區分。其中紫色與桃紅色的沙發區，帶有中東的神祕色彩。戶外用餐區雖然沒有冷氣，卻有超級漂亮的海景，讓你享受美食時還有美景陪伴，這就是度假的最高境界吧！別忘了，有放置菸灰缸的地方才是吸菸區喔！

A | B C A 餐廳不管怎麼拍都美
      B 甜點區一定不能放過
      C 視覺、味覺雙重享受

餐廳提供全開放式廚房，有各種口味的美食。現煮義大利麵，由你自己挑選配料、麵條（長麵，斜管麵、螺旋麵及寬麵）、醬料（白醬、青醬、紅醬），還有現烤手工披薩。最不可錯過的是每週五的海鮮自助餐，有當地最好最新鮮的海鮮。想吃多少有多少，補菜速度很快，不怕吃不飽。也有大家愛吃的壽司吧，螃蟹與蝦子都放在用冰塊製成的大碗裡面，既可保持新鮮，又兼具乾淨、衛生。這裡也有傳統泰國菜，包括泰式酸辣海鮮湯、泰式炒河粉、現煮米粉湯、泰式紅咖哩，都很好吃。

這裡的甜點也很有名，提醒大家，胃一定要留一點空間給甜點！蛋糕、慕斯、奶酪、布丁、水果塔、巧克力蛋糕、手工冰淇淋，還有現炸的甜甜圈，看起來樣樣都很美味，根本難以選擇。唯一的小缺點是，午餐沒有提供咖啡、果汁，得另外付費（其實餐點非常便宜，飲料收費還可以接受）。

🏛 333/101 Moo 9, Nong Prue, Bang Lamung, Chon Buri
📞 +66-38-253-000
🕐 06:00~11:30
🌐 www.hilton.com.cn/BKKHPHI

Cliff Seaview Restaurant

可以游泳、吃飯、看日落的海景餐廳

Cliff Seaview Restaurant 和普吉島頂級海灘俱樂部性質類似，是芭達雅的新概念娛樂景點，以俱樂部形式呈現，非常有趣。每天都有 DJ 演奏時髦的 R & B 音樂，現場有調酒師，還會定期安排受歡迎的表演活動（如泳池派對、女士之夜等等），並邀請知名人士參與。

Cliff Seaview Restaurant 在 Phratamnak 的海岸上，這裡有露天餐廳，有無邊際泳池，還能夠俯瞰到大海的壯麗景色與從不間斷的日落美景，最適合喜愛玩水、愛熱鬧的朋友。如果來到芭達雅，建議一定要來這裡放鬆一下！最特別的是，在這裡即使全身溼答答，也可以快樂的與池邊表演的團體互動，一起聊天，共享歡樂時光喔！

A B
C

A 和朋友一起來吃飯、看海景
B 夜間的泳池也很美，可以包場辦活動
C 餐廳的招牌

D E
F G H

D 客人用餐前可以跳進泳池玩耍
E 宛如來到私人泳池度假村用餐
F 什錦蔬菜
G 蟹肉炒飯也好吃
H 咖哩雞也美味

Cliff Seaview Restaurant 最多可容納 300 位客人，並提供令人印象深刻的國際美食，有西方、亞洲風味的菜餚，因為餐廳臨海，海鮮也是不能錯過的美味之一。這裡也很適合舉辦私人泳池派對或生日派對、婚禮或員工聚會。帶著家人或情侶前來都很適合喔！

🏛 286/5 Rajchawaroon Road, Soi Kasetsin 11, Pattaya
📞 +66-94-742-6666
🕐 10:00~02:00
🌐 www.cliffseaviewrestaurant.com、facebook.com/CliffPoolClubPattaya

171

Fun in Pattaya & Huahin

Z Through By The Zign Hotel

一住就不想離開的泳池別墅

live 秀

來到芭達雅要住哪？我建議可以入住 Z Through By The Zign Hotel（帝堡澤斯羅酒店）。這裡有種宛如人間仙境樂園的氛圍，而且幾乎所有的房型都是游泳池，快來看看到底有多美！

Z Through By The Zign Hotel 位在芭達雅北邊的 Na Klua（富人區），離最出名的 Walking Street（紅燈區）有點距離，如果你來芭達雅的主要目的是「放鬆」，極力推薦住在這裡。此外，利用免費的高爾夫球車接送服務，送你到最靠近飯店的大街，再步行到想去的地方逛逛。從酒店到複合式百貨商場 Central Festival Pattaya 只要 5 分鐘車程就能抵達喔。距離真理寺、Mini Siam（迷你暹羅公園）及芭達雅市政廳、Tiffany's Show 和 Art in Paradise 也不遠！

泰式屋頂的主建築物是 lobby，前方是餐廳。這裡每棟別墅都是以木

A	B C D
	E

A 泳池別墅規格的酒店，住了就不想離開
B 門外就是泳池，隨時可以游泳
C 玻璃做的地板，可以看到底下的水
D 客廳沙發
E 床又大又舒服

頭邊框搭配純白色的建築物本體，矗立在藍色的水面上，再點綴綠色的植物，給人猶如仙境般的視覺享受。

房間以 L.O.V.E 為主題，四種房型各以不同色系區隔，搭配時尚摩登的家具，呈現出不同樣貌的復古風。Light 和 Viva 房型位於 2 樓，擁有私人陽台。1 樓的 Ozone 及 Emotion 房型，則有打開陽台落地玻璃門就看到泳池的驚喜，而且房間廳內的地板上有大片玻璃，能夠看到泳池水底。這就是 see through，也是酒店名稱 Z Through 的由來。房間內設施完備，有獨立淋浴間和一次泡兩個人也不會擁擠的超大按摩浴缸。此外，客廳和床是沒有隔間的，使得空間看起來更大。

酒店還有個主游泳池，讓住在 2 樓的旅客一樣能享受戲水之樂。但建議大家在早上 9 點前或是下午 4 點過後去游泳，中午時間太曬了！

🏛 555/74 Moo.5, 12 Naklua Road,
Banglamung, Chonburi, Na Klua, Pattaya
📞 +66-38-225-097(-8)
🌐 www.zthroughhotel.com

 優惠房價立即掃

主播直擊

live 秀

Cape Dara Resort

最佳海景度假村，悠閒漫步私人沙灘

Cape Dara Resort（達拉角度假酒店）是我在芭達雅住過前幾名的度假村。後來才知道它曾榮獲 2015 年芭達雅十大五星級酒店殊榮呢！Dara 是泰文「星星」的意思，Cape Dara Resort 的每個房間都有全景式天空景觀設計，讓旅客可以跟星星更接近。酒店位在北邊 Na Klua（富人區），離北芭達雅的圓環區只要 3 分鐘車程。

酒店有兩座非常漂亮的無邊際泳池。走進大廳，往後方過去就是主泳池，泳池旁有個 Pool bar（泳池酒吧），旁邊的桌子上都裝有貼心的服務鈴。在泳池裡，看著自己猶如跟大海連成一片，感覺好特別！

坐在陽台放空看海也是件非常享受的事！酒店的每個房間都有面海的陽台，可以讓人欣賞無限海景，日落時分與好友坐在陽台喝著冰品、

Fun in Pattaya & Huahin

A	B C
	D E

A 看景色泡澡，好舒服啊
B 酒店的房間都有面海陽台
C 泳池距沙灘區如此近
D 度假村裡先來一張
E 無邊際泳池就是這麼美

欣賞美麗的夕陽，真的很棒！我住過的客房中，有間小套房位在樓上，我最愛的就是裡面 360 度海景大浴缸，在這裡泡澡真的很享受，白天或夜晚都有超美的景色可看。

有次住了比較貴的套房，房間有個戶外私人泳池，很有別墅的感覺，而且泳池面對大海，真的超酷！浴室備品用的是寶格麗的！房間往下看是另一個附屬泳池，再往下走則是酒店的私人沙灘。因為是私人沙灘，顯得特別乾淨，只是海裡碎石多，在沙灘散步還是穿拖鞋安全些。

A B
C

A 房間外的附屬私人泳池
B 酒店處處有悠閒度假氛圍
C 從大廳往外看，一覽酒店美景

早餐在半露天的餐廳享用，餐點豐富，邊吃邊享受徐徐吹來的海風、欣賞海灘美景，真的很愜意。酒店裡提供全天候的戶外用餐、廣東料理、麵包坊、海灘酒吧、咖啡館、池畔酒吧及貴賓廳。

Cape Dara Resort 裡有豪華 spa、健身中心和每天專為兒童安排的活動。成人旅客也可以從每日海灘活動行程中，挑選自己喜歡的參加並盡情享樂。酒店 4 樓的 Luminous SPA，做完之後真的會讓你的臉上發光，美容師的功夫和巧手都會讓你難忘。

酒店離 Tiffany's Show 秀場很近，附近泰式按摩的地方也很多。想去夜店體驗夜生活，就更不用說了，隨處可見林立的小酒吧。想怎麼玩都行！

🏛 256 Dara Beach, Soi 20, Pattaya-
Naklua Road, Pattaya, Chon Buri
📞 +66-38-933-888
🌐 www.capedarapattaya.com

🚌 優惠房價立即掃

Siam@Siam Design Hotel Pattaya

頂樓泳池可望 270 度絕美夕陽

A
B

A 在無邊際泳池拍張照
B 無邊際泳池的日夜景
致不同

芭達雅的 Siam@Siam Design Hotel Pattaya（暹羅 @ 暹羅設計酒店）和曼谷的系出同門，兩家酒店都以創意設計為主要特色，走進大廳第一眼就知道了。充滿前衛時尚感的大廳，讓人想不愛上它都難！

Siam@Siam Design Hotel Pattaya 位於北芭達雅，頂樓有無邊際泳池，可以看到芭達雅灣。大廳休息區有不少獨特的裝置藝術品，更把汽車拆了當成 car bar，讓坐在裡頭喝酒的客人感受到獨特的情調。

針對不同客人的需求，這裡規劃有五種房型可供選擇，每個房間都有陽台可以看到外面的美麗海景或芭達雅灣。

我住的是 1906 號房，書桌上有個插頭總座，看起來既專業又方便。打開窗簾往外看就是無敵夜景，浴室裡有個超大的雙人浴缸，晚上泡澡看夜景，是人生一大享受呢！清晨的海景一樣很美喔，不信看看我隨手拍的照片。

29 樓有水池、兒童池、躺椅池，重點是這裡的無限海景泳池，白天、夜晚各有景致，泡在裡面真的好舒服喔！建議不要中午之前來，太熱了。黃昏前來玩水真的好棒，再晚一些可以看見天空出現了彩色的紅霞，運氣好的話還能看到紫色天空喔！換個電梯再往樓上走，就是健身房，再往上一層還有個 rooftop bar（屋頂酒吧），晚上會有 DJ 播放流行音樂，如果你住的是貴賓樓層，可以免費到 5 樓的 my club

A B
C D

A 房間外的無敵夜景
B 大廳擺飾極具創意
C 清晨的無敵海景
D 餐廳一角，餐點豐富

A B A 酒店另一座無邊際泳池
C B 時尚的用餐環境
C 用汽車當 bar 的設計十分特別

享用全天候的餐點,有早餐、下午茶、雞尾酒時間,其餘的時間有簡
單的餅乾、沙拉和飲料給貴賓使用。另外晚上在 6 樓的餐廳還有海
鮮燒烤、自助百匯可以無限量享用,每人只要 555 泰銖(含稅)。
在這裡用餐,有服務生熱情服務,還有免費演唱可以欣賞,CP 值真
的蠻高的喔。

Siam@Siam Design Hotel 自 2014 年開始營業,設備新穎、服務
親切,客房規劃非常人性化,值得入住體驗這裡的一切。

🏛 390 Moo 9, Tambon Nong Prue, Pattaya,
Chon Buri
📞 +66-38-930-600
🌐 www.siamatpattaya.com

 優惠房價立即掃

近郊小旅行
華欣
Huahin

著名海岸城市

玩　吃　住

華欣是泰國皇室的避暑度假勝地，

在曼谷南方約 200 公里，

境內擁有數個美麗海灘、國家公園，

歷史遺跡公園和皇室遺址等等，

是充滿藝術氣息的歷史名城，非常值得一遊。

Santorini Park

小希臘聖托里尼公園，拍照最佳去處

主播直擊
live 秀

在充滿希臘風情的藍窗白牆旁留影，怎麼拍都好看！

2012 年，Santorini Park（聖托里尼公園）在華欣附近的七岩正式開幕，是個複合式樂園。園內有一個 40 米高的摩天輪為「招牌」，遊樂設施皆從國外進口，雙層迴旋木馬、GMaxWing、7D 互動遊戲等等，可以在裡面玩一整天，很划得來喔！

Santorini 是希臘最具特色的景點，Santorini Park 有著濃濃的希臘風情，號稱小希臘，集拍照、玩遊戲、逛街、吃美食於一身。走進園區，就看見藍白希臘風格的建築，許多名牌店家，店面設計跟外觀有很大的不同。除了希臘的藍白設計外，更有顛覆傳統、用色大膽的空間，牆面上的彩色手工壁畫及立體裝飾，也讓人驚喜連連。

A B　A 園內路標十分有趣
C D
　　　B 來張自拍天使照
　　　C 這裡怎麼拍都行
　　　D 隨處可見藍白風格的希臘風情

Santorini Park 分為四個區域，有 Park Zone（遊樂區）、Village Zone（名牌時裝、生活用品區）、Rest Area（旅客休息區）以及 Activities Area（表演區）。Park Zone 是個主題遊樂場，穿梭在縱橫交錯的小巷子，總會被這創意的裝飾感動！就連公廁都極可能是全泰國最漂亮的公廁，藍白為主，牆上還有小動物陪你一起方便呢！Village Zone 有設計獨特且精巧的手工藝品。逛累了還可以在這一區的特色咖啡館品嘗美食，再出發。Rest Area 有為遊客提供休息的地方，快餐店、紀念品店、加油站，都在這裡。Activities Area 是演唱會和各類表演的主要場地。

喜歡拍照的朋友，一定要來這裡逛逛，因為 Santorini Park 絕對會

A B　A 想像自己是天使
C　　B 招牌摩天輪
　　　C 公園內景色特別

讓你滿載而歸。公園裡別出心裁的裝置藝術，一定得合照一張才行。半立體雨傘壁畫、供遊客扮公主與王子的華麗沙發、掛滿可愛貓咪玩偶的巷子、人偶造型的噴水池……，都不能錯過。一片藍白建物加上鮮明活潑色彩，別說你愛拍照，當地也有新人選擇以此為婚紗照外景地，在泰國感受希臘之美，也是旅行的意外收穫呢！

藍白小屋是商店和餐廳，裡面有連鎖品牌如 Adidas、Nike、Clarks 等等。也有販售泰國本地設計師的服裝、飾物、精品的個性小店，價錢不低，但產品水準很高，在其他地方也買不到，在意質感多過價格便宜的讀者們，倒是可以在這裡找到不少好東西呢！

🏛 Petchakasem Road, Amphoe Cha-Am, Phetchaburi
🕐 週一至週五 10:00~22:00、週六至週日 09:00~22:00
📶 www.santoriniparkchaam.com
🎫 每人 50 泰銖

Camel Republic

駱駝共和國，與動物來場約會

兩年前開始營運的 Camel Republic（駱駝共和國），以摩洛哥風為建造主題，是結合遊樂園、動物園和購物商場的旅遊景點。

入口處的門面既氣派又豪邁，走進去有種自己很渺小的感覺。右手邊一直聽到很吵的聲音，轉頭看發現有一個人在飛，原來那是 Camel Republic 內很知名的遊樂設施「Sky Fly」，有超強風力把人往由下往上吹，呈現出飄在空中的快感。

遊樂設施分為戶外與室內，有些適合小朋友，如卡丁車、彈簧床。有些刺激度高的設施是為給青少年和大人準備的。每項收費在 120 ～

Fun in Pattaya & Huahin

A | B C D
  | E

A 入門處抽象且鮮豔的駱駝裝置藝術
B 大門口很氣派吧
C 園區內的遊樂設施
D 跟真的駱駝來張合照
E 膽子夠大，才能每種設施都玩

240 泰銖不等。Zero Gravity 利用離心力讓你邊快速旋轉邊「貼」在牆上，膽子夠大的可以雙腳離地，從外面看有種漂浮在空中的感覺。想再刺激一點的則有 720 度旋轉的 Gyro Extreme。直接用高空纜繩把人拉高，雙腳懸空高速飛越「動物區」的上空；站在地面往上看，一直有人從頭上飛過去，感覺相當刺激，原來這是這裡熱門的遊樂設施 Flying Macaw。

走進動物園區有一區最大的駱駝區，除了可以跟這些真的駱駝拍照外，也可以拿旁邊的草餵食或體驗付費騎駱駝。動物區免費參觀，可

以摸摸那些溫馴的動物，買飼料要付錢。餵完駱駝可以餵火烈鳥（又名「紅鸛」），長頸鹿也不能錯過，不過牠們舌頭超長，這裡有提供一根長棒子，將香蕉插在一端送到牠嘴邊。頭像兔子，身體有點像袋鼠，走路像貓狗的動物叫巴塔哥尼亞豚鼠，還有白天鵝、美洲木鴨、鴛鴦、菜鴨等禽類。草泥馬一直瞇著眼睛超可愛的，明明那天就沒什麼陽光啊！

Camel Republic 有整排可以購物的商店，除了一般的紀念品外，也有可愛的動物玩偶，和一些超人的商品。如果不是非名牌不穿，這裡也有販售衣服，可以挑選幾件 T 恤，因為材質都蠻不錯，而且不貴。當然也有餐廳、飲料店，提供逛累、餓了的遊客休息，補充能量。

擁有摩洛哥風情和中東神祕色彩的建築，色彩鮮豔，最吸引我的是通往洗手間的一面橘色牆，上面有駱駝隊的圖，遊客只要跟著隊伍前進的方向走就是目的地。

A B　A 可愛的遊樂設施吸引著小朋友目光
　　　B 這些都是小朋友的最愛

🏛 Thanon Phetkasem, Phet Buri, Phetchaburi
📞 +66-32-890-860
🕐 週一至週四 10:00~18:00、週五至週日 09:00~19:00
🔗 camel-republic.com
🎫 門票 150 泰銖，遊樂設施需另外付費。

這個大門口可是觀光客必合照的第一個景點呢！

PlearnWan

記錄美好時光與回憶的往日情懷

來到華欣一定要到 PlearnWan（往日情懷），這裡是華欣老街，你可以在這裡感受懷舊的復古氛圍，過足自拍癮。聽說這個英文名字來自於 play 和 learn，而 wan 是泰文的昨日（昔日）的意思。台灣人把它翻譯為「往日情懷」，既貼切又浪漫，還很有文藝氣息！

據說 PlearnWan 從開始建造到完成，花了兩年多的時間。為了響應環保，建築物採用學校回收的舊木料建造，從入口處就能看見這些回收木頭了。這裡還擺放了以前的腳踏車，舊家具、舊課桌椅，不像一般老街，是特別建造的復古懷舊區。

A B	D E
C	F G

A 入口處打造成老式相機的鏡頭
B 這裡有相當多的小吃攤、冷飲店
C 商店裡販售復古商品
D 門有「餉當」兩個字的當鋪，裡面是商店
E 還有個小型摩天輪可以搭乘
F 園區內的商店街十分熱鬧
G 園區內餐廳也不少

園區入口打造成老式相機的鏡頭，營造出彷彿時光隧道般的氛圍，讓遊客從相機鏡頭外走進去，有種回到過去的感覺。走進老街，首先會看到一片翠綠的草原，兩旁是長長的兩層樓建築物。

1、2 樓的復古懷舊商店，每間都非常有特色，還有不少女生最愛的小飾品專賣店。除了逛街，還可以體驗拍照的樂趣，2 樓部分有木造拱橋相連，不僅方便逛街動線，讓遊客可以從這裡互通兩邊，更是拍照的好景點。伴手禮「生日杯」，價格合理又有紀念意義唷！除了 1、2 樓的商場部分，仔細看 PlearnWan 其實還有 3 樓，但是是禁止參觀的住宿區。

園區內有 60 幾家特色商店，有些很像早期台灣的雜貨店、童玩店、

冰果室和糖果店。藥局裡賣各種西藥，還有一罐罐中文標籤的中藥。就連小吃店都還有「杭菊花茶」的鐵製舊茶桶，顯現早期中國移民在此經營過的各種生意，現已成為華欣歷史的一部分。還有復古的泰國國王與皇后的合照，看得出來他們真的是郎才女貌，而且打扮相當時尚有品味！大門口的 2 樓是有 Live Band 駐唱表演的酒吧，喜歡聽現場演奏的朋友千萬別錯過喔！

這裡有泰國傳統國民美食米粉湯，還有光看外貌就已經吸引不少遊客自動掏腰包的超大奶油椰絲餅，外表用厚厚鬆軟的雞蛋糕包覆滿滿的奶油加椰絲，配合顏色繽紛的內餡食材，看起來、嘗起來都令人滿意。

PlearnWan 位於 Hua Hin38 和 40 巷中間，從華欣市區搭乘雙條車也可以到達，曼谷往華欣市區的路上一定會經過，附近有座純白色、充滿濃厚泰式風味的天橋非常地好找。

🏛 4/9 Soi Moobaan Borphai Hua Hin
📞 +66-32-520-311
🕐 週日至週四 9:00~21:00、週五至週六 08:00~23:00
🌐 www.plearnwan.com

Tham Khao Luang

佛光普照，神祕拷龍穴

Tham Khao Luang（拷龍穴）是華欣近郊一個特別的景點，也是碧差文里府最重要的一個石窟，裡面供奉的佛像上有泰皇拉瑪五世獻給三世及四世的親筆字跡，讓這洞窟的價值更顯珍貴。

Tham Khao Luang 主要景點是鐘乳岩山洞，至於沿途成群的猴子，也是景點之一。造訪這裡的時候，不要帶任何食物和塑膠袋。因為猴子們知道來訪的遊客身上通常都帶有裝在塑膠袋裡的食物，所以經常發生猴子打劫人的事件！入口處有賣切成小斷的玉米，供遊客餵食這些野生猴子。來到這裡，光是餵猴子、拍猴子，就讓短短 5 分鐘的路程，硬是花了 10 多分鐘。

爬上階梯後（需要有點體能），就看到了洞口，沿著階梯向下，裡面是一個有如鐘乳石洞的超大洞穴，供奉一尊超大的臥佛（佛像身上蓋

A　B　C
　　D

A　這個角度拍最美
B　這裡是充滿神祕感的景點
C　來 Tham Khao Luang 得有些體力才行
D　這裡佛像超多

著一條金黃色的布），還有許多大大小小的佛像。裡頭有大小洞穴串聯，且不時有陽光從洞頂灑下，眼前光影交錯的畫面，充滿神祕感及神聖感。越往下（裡面）走，發現鐘乳石的石柱越多，也越奇異瑰麗。洞壁上有奇岩怪石，洞頂上陽光直接灑進洞穴，彷彿武俠小説上才會出現的場景，讓人手上相機不由自主地按不停。聽説在某個時間點，山洞上的光會整個灑在金佛的身上，將會看到金光閃閃的動人景象。洞內的金身佛像大小不一，臉部表情也不一樣，非常生動。

除了佛像外，也有不少雕工細緻的石塔，配合著鐘乳石洞的地形，流露出一股莊嚴之感。走進洞穴裡明顯感覺氣溫降低一些，越往裡走越暗，但往往再往前一步又突然光明乍現，我都會想像自己在這裡練功，走出去之後就會功力大增呢！

仔細看會發現洞口之上有許多樹藤，藤上有不少猴子攀爬。還好這些猴子只在樹藤邊活動，遠遠的看著進進出出的遊客，不會走進洞穴。難怪當地導遊説，猴子不敢進去洞穴，原來牠們真的對裡面的神佛很敬畏呢！

🏛 Khao Luang Cave, Thongchai, Mueang Phetchaburi District, Phetchaburi

Cicada Market

文青必訪！華欣週末創意市集

來到華欣，你一定要去充滿文藝氣息的 Cicada Market 逛逛，有現場表演區、藝術展覽區、創意市集及美食區，絕對可以讓你滿載而歸。Cicada Market 的設計宗旨在提供原創、手工的舞台，因此攤位的篩選上要求嚴格，得現場操作或是自己的創作商品，通過審核後，才能承租攤位。因此在這裡所看到的販售商品，從設計到成品都是手作達人們手工完成的，大多都只有一件，非常值得收藏。

走進市集，首先會看到露天舞台和餐廳。運氣好的時候，可以聽到現場樂團表演或舞蹈、戲劇演出。在林木環繞的草地廣場所搭起的白色小屋、小商店、小攤子，大都採開放式格局，看起來既夢幻又可愛，是個拍照的好地方。這裡看到的商品跟一般的夜市和市集不同，每個

A | B C

A 這些包包都很有特色，不怕與人撞包
B 市集的招牌
C 小玩偶也很可愛

攤位的東西都非常有創意，服飾、手工藝品、香氛、紀念品……。這裡不像洽圖洽或火車市集，講價空間不大，因為創意是無價的，記得不要胡亂殺價，否則什麼也買不到喔！

市集內有很多的皮革製品，質感都很不錯。還有當地設計師自行設計的包包。T 恤專門畫家會幫你在白色衣服上親手繪一幅人像。動物抱枕專賣店裡的每個抱枕都很可愛，各種造型花器的樣式也十分特別。沿途還有許多像是藝廊的小屋，展示不同風格的圖畫，喜愛的朋友也可以繞去逛逛。很多美眉自己設計、獨一無二的手工飾品店、手工造型眼鏡，不妨買回來玩變裝趴的時候秀一下。還有些老闆會在現場為你作畫、手作皮雕。

Cicada Market 之所以吸引各地遊客，正是因為除了有精緻小店可以逛外，還有廣場中央的美食區讓人享用餐點。這裡的消費模式與商場的美食廣場一樣，先購買餐券點數，沒用完的可以退回現金。雖然看起來有點像路邊攤，但環境乾淨，食物可口，水準可不輸百貨公司的美食街！ S&P 餐飲集團旗下的 Blue Cup Coffee 在這裡也有分店！有空可以在這裡喝咖啡、吃甜點，享受悠閒時光。餐點種類很多，有泰國小吃也有西式餐點，連飯後甜點也有，非常貼心！

🏛 The Venue at Suan Sri, Hua Hin
📞 +66-32-536-606
🕐 週五至週六 16:00~23:00、週日 16:00~22:00
📶 www.cicadamarket.com、facebook.com/cicadahuahin

Baan Itsara Restaurant

物超所值，面海超美味泰餐

這家 Baan Itsara（自由之家海鮮餐廳）是當地人很推薦的餐廳，來到華欣就是要嘗嘗道地的泰國菜啊！餐廳的大門口很像大宅院，蠻有在台北山頂餐廳吃飯的感覺，唯一不同的是，這裡不是看山，是看海的面海餐廳。

Baan Itsara 的 Baan 是泰文的「家」，Itsara 是泰文的「自由」之意，所以這裡也稱為自由之家。餐廳靠沙灘區有座美人魚雕像，所以也叫「美人魚餐廳」。另外由於近海，也稱為「浪花餐廳」。你可以選擇坐在沙灘上，感受浪花朵朵奔向你的親近感，也可以坐在 2 樓邊吃美食，同時帶點距離地看海、聽海，一樣浪漫到不行。用餐的地方雖然是開放式，但全面禁菸喔！

餐廳以泰式料理為主，還有許多是本地人才知道的菜色，光招牌沙拉就好幾種。不過別擔心，店家有提供英文菜單，你可以輕鬆點餐享受佳餚。酥炸魚餅上有一小盤像是榨菜絲，嘗起來酸酸甜甜，搭配酥炸魚餅剛好可以解膩。來泰國一定要點金錢蝦餅，外皮香酥不膩，粗粒麵包粉增加酥度，內餡的蝦肉 Q 彈新鮮，配上酸甜的沾醬，大人小孩都愛吃。咖哩螃蟹是一定要嘗的，不但不油膩，且香氣濃淡適中，非常美味。鹹蛋魷魚是難得的新口味，我在台灣從沒吃過。用鹹蛋配新鮮魷魚，鹹蛋的香氣讓淡而無味的魷魚整個活了起來，超好吃！

充滿鮮蝦、蛤蜊和魷魚的海鮮冬粉煲，用料一點也不含糊。辣炒蛤蜊

A B　C D　　A 外觀有點像大宅院
　　　 E　　　B 夜晚時幾乎天天滿座
　　　　　　　C 開放式用餐區是禁菸的
　　　　　　　D 餐廳裡的美人魚雕像
　　　　　　　E 這裡的餐點都很好吃

有點小辣，調味特別，帶著特殊辛香料的香氣。紅辣醬烤魚也很出色，牡蠣配檸檬香草，口感絕佳。九層塔醬海鮮將九層塔葉與香料打碎做成醬料，配上 Q 彈的蝦肉與花枝，香氣十足，出乎意料的好吃。綠咖哩雞比較像湯，有濃濃的檸檬葉香，雞肉軟嫩，光是醬汁就超級下飯。酥炸全魚吃起來酥酥脆脆，沾上特調魚露辣椒醬後，好吃到停不下來。蟹肉炒飯、南薑雞湯也都不錯，吃到越後面越有打包的念頭。

Baan Itsara 的擺設相當簡單，看似座位很多，其實幾乎天天客滿，尤其是週末假日，還是打電話訂位比較妥當。建議從下榻的酒店或是度假村，請櫃台幫忙叫車送你們去，基本上跟司機說「阿含一沙拉」（BAAN ITSARA 泰語發音），對方就知道了。

🏛 7 Naeb Kehardt Road, Hua Hin Subdistrict, Hua Hin District., Hua Hin
🕿 +66-32-530-574

Chom Talay

放鬆享受，當地人最愛的望海餐廳

Chom Talay 是華欣一帶的人氣餐廳，店名的泰文意思是「看海」，意指用餐時能夠看到海。其實不止可以看到海，如果你選擇在戶外區用餐，脫下鞋子還能感受沙子在腳指間滑動的奇妙感受喔！這裡曾獲泰國觀光局頒發景觀餐廳前十名殊榮，難怪當地人都超愛來這裡。

Chom Talay 是一棟竹子與木頭結合、屋頂覆蓋茅草的建築。猛一看像度假村的接待大廳，非常特別。餐廳使用原木跟茅草為主要材料，木質桌椅搭配貝殼吊燈，餐廳周圍種滿了雞蛋花，用餐時可以聞到淡淡的花香。在這裡邊享用美食，邊感受海風輕拂身體，看著一望無際的海洋，徹底放鬆身心，舒服感受吃的樂趣。有沒有一種「吃飯皇帝大」的感覺！

A | B C
  | D E

A 當地人超愛的看海餐廳
B 木質桌椅很有度假感
C 鹹蛋炒花枝
D 泰式炸雞翅
E 打拋豬一定要嘗嘗

從大廳往外走，只要走過一個小曲橋，美麗的海灘就在你面前了。多數人喜歡選擇靠海的用餐區，因此建議可以早點來，先在海邊玩、拍拍照，再開始點菜。來這裡用餐一定要點蚵仔煎、冬陰功湯、魚露炸鱸魚、鹹蛋炒花枝、黑胡椒螃蟹等等招牌菜。看到當地人也在這裡用餐，就知道這裡菜沒問題。

餐廳周圍除了用石板鋪出的步道外，其他全是沙地，隨時可以脫鞋下去玩，還有孩童遊樂區，根本是親子餐廳戶外版。除了照顧到小朋友，餐廳還有免費無線網路，讓想上網的朋友們滿足所需。Chom Talay 距離華欣市中心約十分鐘車程，除了適合親子同來，更方便度蜜月的男女來體驗，看著星星享受美食的浪漫氣氛喔！

🏛 1341/10 Phetkasem Road, Phet Buri, Phetchaburi
📞 +663-244-801(-2)、+66-84-436-9345
🕐 11:30~21:30

Sang Thai Seafood Restaurant

討論度超高，讓人大唉海鮮的露天餐廳

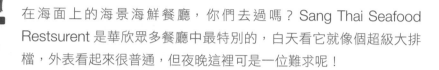

在海面上的海景海鮮餐廳，你們去過嗎？Sang Thai Seafood Restsurent 是華欣眾多餐廳中最特別的，白天看它就像個超級大排檔，外表看起來很普通，但夜晚這裡可是一位難求呢！

Sang 是泰文「光線」的意思。餐廳看起來像是架在海上的鐵皮屋大排檔。沒有優雅的室內環境，簡單的長桌加上椅子，數位非常多。但是每到用餐時間，這裡總是座無虛席。餐廳內的露天座位最搶手，訂位時別忘記指定坐這區。別小看這沒有華麗裝潢的餐廳，在這裡看看金色海灘、吹海風、聽音樂、吃海鮮，可是人生一大樂事呢。

從停車場走進餐廳，在入口處有很多水族箱，裡面放著活跳跳的海鮮，等著客人親自挑選，絕對新鮮。來到這裡一定要點咖哩螃蟹，螃蟹肉質鮮嫩多汁，吃過絕對會吮指難忘。點完餐店家會先送上沾醬拼

A B C
D E F

A 現炒活螃蟹就是好吃
B 這裡十分貼近大海
C 海面上的餐廳
D 炒花枝配上醬料，十分對味
E 炸海鮮餅
F 好吃的清蒸魚

盤，盤子上有五種不同味道的沾醬，光用看的就很開胃呢！還有香酥炸魚搭配酸辣的海鮮沾醬、炸蟹肉捲、泰式蚵仔煎、炒時蔬等，再來一個冰涼的新鮮椰子，平衡口中的辣味。

Sang Thai Seafood Restsurent 是當地人以及觀光客最推薦的海鮮餐廳，假日用餐時間總是客滿，記得要提早訂位。聽說這裡的老闆是摩托車迷，所以在海景之外，在大廳也有許多相關收藏可以看。

🏛 Fishing Pier, Hua Hin, Prachuabkhirikhan
📞 +66-32-512-144
🕐 10:00~23:00

Intercontinental Hua Hin Resort

荷包失血也甘願的精品度假酒店

Intercontinental Hua Hin Resort（華欣洲際度假酒店）是我願意再次花錢入住的度假酒店，因為這裡是五星級的收費，六星級的享受，怎麼能不跟大家分享呢！

外觀普通，大門口看起來也很樸素。但一走進去，就可以看到酒店得獎的獎牌、挑高的大廳，最吸引人的是天花板上垂掛下來金銀銅三色的裝飾魚群。從大廳走出去就是早餐區，1 樓有戶外用餐區，最特別的是池畔下沉式的座位區，是我第一次看到的，很有意思。往外望去就是酒店的游泳池與海。周圍盡是綠油油的草皮，兩旁開滿雞蛋花，空氣中飄散著一股清香，感覺好舒服啊！

2 樓的房型，乾濕分離的浴室裡面有個大浴缸，雖然沒有按摩功能，

A | B C

A　我願意再來這裡花錢享受
B　大廳的戶外休息區
C　酒店提供的豐盛早餐

但晚上在這裡泡湯真的很舒服，至於沐浴的備品是歐舒丹系列。房內有專屬的 illy 咖啡機，工作人員還貼心準備水果和手寫卡片，讓人覺得很溫暖且貼心。陽台也非常大，往外望去是泳池，夜晚點上燈後真的很美！泳池底部還有星星的效果，可惜只開放到晚上 7 點，不過還是可以在這邊看星星，感受另一種靜謐的美（建議要帶防蚊液）。

這裡的 club 貴賓房型服務更是沒話說，除了有免費晚餐和下午茶可以品嘗外，早餐也可以選擇在房內吃，還有免費的專人管家服務。晚上沐浴時段可以讓管家幫忙放熱水，並且有五種花瓣泡泡浴，真的有夠享受的！晚餐後，回到房間開始使用管家服務，身高 180 公分的帥氣管家幫忙放熱水花瓣浴，如果是姊妹們來這裡度假，應該會更開心才對。邊泡澡還有馬卡龍小甜點放在旁邊，讓你嘴甜心也甜。還有

專人打包行李、申請晚退房等服務。

千萬別錯過華欣的日出！早上天還沒亮，在沙灘上就有僧侶沿著沙灘步行化緣。酒店也很貼心地替我們準備了化緣物，要我們親手送到僧侶的手上，為入住的旅客做功德！僧侶很大方地應我的要求讓我看他今天化緣得來的物品，大部分都是吃的，也有些信徒直接放入塞現金的紅包。

清晨的 Intercontinental Hua Hin Resort 很美，早餐也很豐盛，我最愛吃這裡的德式麵包，和奇異果差不多大小，很有嚼勁，而且本身就有鹹味，不抹奶油也超好吃。這裡的 spa 也很頂級，價格雖不親民，但還是得提前預約。

A B	E F
C D	G

A 房間既寬敞又舒服
B 帥哥管家幫忙放洗澡水
C 泳池一隅
D spa 區所使用的產品
E 陪長輩學泰拳健身
F 夕陽映照在海面，美景讓人移不開目光
G 清晨在沙灘上與僧侶結緣

這裡的健身房可以體驗專屬泰拳教練課程。我是孝親之旅，一行三老一青，教練 BOY 人蠻好的，用很簡單的方式教了我們泰拳的基礎。令我意外的是 81 歲高齡的劉伯伯，打泰拳打得意外地好，而我 66 歲的老媽更是殺紅了眼，朝著教練猛力攻擊，讓教練差點招架不住，我們這群史上最老的學生，逗得教練是笑聲、喘息聲不斷。

到泳池邊發呆或游個泳，享受日光浴，欣賞藍天綠地，是度假不可或缺的主要活動。游泳池尾端接連著沙灘與海邊，看到這樣的景色，怎能不露出滿意的微笑呢？住過這麼多酒店，Intercontinental Hua Hin Resort 是讓我荷包失血，但每每回想起來總會露出笑容的酒店。

🏛 33/33 Petchkasem Road, Hua Hin, Prachuabkhirikhan
📞 +66-32-616-999
🌐 huahin.intercontinental.com

 優惠房價立即掃

Anantara Hua Hin Resort

泰式度假村，慵懶的度假風情

Fun in Pattaya & Huahin

在荷花池裡游泳的感覺是什麼？這裡要介紹一間五星級的 Anantara Hua Hin Resort（安納塔拉度假酒店），帶大家一起體驗與荷花共泳的文青時光。

一進門就看到大象的裝飾，不僅整片大象陶磚牆超可愛，草皮上的大象裝飾也讓人好想抱一隻回家！大廳走古色古香路線，超像之前泰劇《情牽兩世》的場景，處處都有綠意，走到哪兒都能聞到甜甜的雞蛋花香，讓人彷彿置身度假天堂。

住在 Anantara Hua Hin Resort 的湖景房，可以享受私房區域的泳池——僅供 Lagoon Guest 使用的荷花泳池。泳池位在荷花池中央，

A｜BC
　｜DE

A 泳池外連接荷花池，美呆了
B 游泳時碰見一群人在跳舞，就跟著跳一下
C 湖景房外觀
D 發呆亭很有味道
E 這個荷花泳池專屬湖景房的旅客使用

以紅磚色的磚泥區隔，池中是清澈透明的水藍色，池外連接荷葉滿布的荷花池，感覺就像與荷花共泳，有種屬於文人雅士的浪漫情懷。

我入住的房間，牆上掛有泰國木人偶，浴室窗戶可以整面打開，房間和洗澡的地方是相通的。酒店採用環保的大瓶裝沐浴用品，不能帶回家做紀念，但愛護地球更重要。書桌上有迎賓水果。打開窗戶，房間還有個小陽台，可以躺在那裡發呆、看書、滑手機、曬太陽。

A B	D
C	

A 大廳走廊
B 房間的床超大
C 水中自拍一下
D 泳池有種原始氛圍

大泳池是所有的旅客都能使用的，藍天、綠樹，還有清澈的池水，看
著就湧出滿滿的度假心情。泳池有標示深度，採漸進式的設計，水會
越來越深，最深的地方約 240 公分，不諳水性的朋友們要特別小心。
泳池四周備有很多休息的躺椅，上面都貼心地放置大毛巾。確定你坐
的躺椅後，酒店的服務人員會過來查看房卡，詢問需要什麼飲料，退
房時再付款即可。

夜晚的酒店是截然不同的美。燈光下的 Anantara Hua Hin Resort
有種從原始叢林風，搖身一變成為古典現代融合混搭風，好美啊！稍

晚回去房間時，發現床頭有可愛的葉子，原來是服務人員貼心地將明天的天氣預報手寫在樹葉上，並祝福你有個記憶深刻的夜晚（或是感謝你的入住，因為是手寫，內容會有不同），看到這裡我的心都揪起來了，貼心度百分百。這裡占地頗大，要小心千萬不要迷路（我是說真的，這裡有很多羊腸小徑，長的也很像）。

早餐的 buffet 廳，採用開放式設計，菜色相當多，裝水煮蛋的特殊盤子中間有個凹槽，很貼心的設計。吃過早餐後可以到附近逛逛，這裡到處都有可以坐下來休息的地方。有些發呆亭設計得超可愛，讓人忍不住想上去躺一下過過癮，也可以到海邊漫步或付費騎馬。

🏛 43/1 Phetkasem Beach Road, Hua Hin
📞 +66-32-520-250
🌐 huahin.anantara.com、facebook.com/anantara

發現 台灣城市新面貌

宜蘭，美好小旅行：

口袋美食╳私房景點╳風格住宿
江明麗 著╱高建芳 攝影
定價 320元

宜蘭，需要你一步步用心認識。承載歲月風華的老屋，美味且價格實在的小吃，文青最愛的藝文咖啡館，風格多樣的民宿，老少咸宜的觀光工廠、農場……62處宜蘭人眼中、外地人嘴裡不可錯過的美好！

台南美好小旅行：

老城市。新靈魂。慢時光
凌予 著╱定價 320元

台南，一個新舊交織的城市。見證歲月的歷史古蹟，藏身巷弄的新興商店，翻玩創意的風格民宿，姿態優雅的靜謐咖啡館，女孩最愛的夢幻點心……59處有故事的景點，滿溢的溫暖人情味，給你最不一樣的台南新風景。

台東．風和日麗：

逛市集╳訪老屋╳賞文創╳玩手作
廖秀靜 著╱定價 280元

探訪老屋改造的民宿、咖啡館，體驗最夯的手作雜貨鋪、最潮的文創設計店，品嘗異國風味與在地料理，夜宿特色迥異的風格民宿，55處在地人推薦的私房點，帶你賞星望月、踏青漫步、學創作、當文青，一步一腳印，認識台東好風情！

花蓮美好小旅行：

巷弄小吃╳故事建築╳天然美景
江明麗 著╱定價 320元

在老宅裡回味記憶時光，置身山海邊一睹遼闊美景，大啖巷弄古早味美食，品味藝文咖啡館與異國料理不同的飲食文化，入住風格獨具的旅店……60個必訪景點。花蓮絕對是值得你探訪的城市，一個得天獨厚的好地方。

嘉義美好小旅行：

吮指小吃╳懷舊建築╳人文風情
江明麗 著╱何忠誠、高建芳 攝影
定價 350元

老屋改造的風格餐廳，隱身巷弄的文創小店，在地人才知道的私房景點、美味小吃，還要帶你入住風格民宿，體驗在地人文風情。除了神木和雞肉飯，嘉義比你想的更好玩。快背起行囊，來去嘉義吃美食，品好茶，住民宿！

台中．城市輕旅行：

文創╳美食╳品味一網打盡
林麗娟 著╱陳招宗 攝影
定價 340元

太陽餅、逢甲夜市、一中街、新社花海之外，台中還有更多好玩、好吃、好看的！舊建築裡的文創魂，景觀迷人的浪漫所在，咖啡職人的本土咖啡，喝茶也可以很新潮，多姿多采的台中和你想的不一樣！

amazing
THAILAND

www.tattpe.org.tw

泰國觀光局台北辦事處 ｜ 台北市中山區松江路111號13樓 ｜ 電話:(02)2502-1600

Sleepbox Sukhumvit 22 優惠券

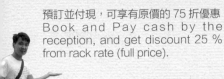

預訂並付現，可享有原價的 75 折優惠
Book and Pay cash by the reception, and get discount 25 % from rack rate (full price).

《Sawasdee krab! 就是愛泰》四塊玉文創 出版

Cape Dara Resort 優惠券

Radius Restaurant 的 BBQ 海鮮自助餐，四人同行一人免費
Ming Xing Restaurant 的 茶點自助餐，四人同行一人免費
Come 4 pay 3 for BBQ Seafood Buffet at Radius Restaurant
Come 4 pay 3 for Dim Sum Buffet at Ming Xing Restaurant.

《Sawasdee krab! 就是愛泰》四塊玉文創 出版

Oneday Hostel Bangkok 優惠券

「Cowork-Living package」房型，一人一晚 550 泰銖（正常價為 650 泰銖）。需提前預定，售完為止
"Cowork-Living package" 550 Baht per night per person.(Normal price 650 Baht)Advanced booking required and subject to availability.

《Sawasdee krab! 就是愛泰》四塊玉文創 出版

Savoey Restaurant 優惠券

可享用餐 9 折優惠（僅限食物）
10% Discount for food only.

《Sawasdee krab! 就是愛泰》四塊玉文創 出版

Well Spa at Well Hotel Bangkok Sukhumvit 20 優惠券

一般水療療程享有 8 折優惠（建議提前預定）
20% Discount for regular treatment menu(Advance reservations are recommended.)

《Sawasdee krab! 就是愛泰》四塊玉文創 出版

Siam Wellness Group 優惠券

1. Let's Relax Spa 中的所有品牌，水療皆享 9 折
10% for all spa treatments at Let's Relax Spa all branches.
2. RarinJinda Wellness Spa 中所有品牌，水療及療程皆享 8 折
20% Discount for all spa treatments and packages at RarinJinda Wellness Spa all branches.

《Sawasdee krab! 就是愛泰》四塊玉文創 出版

DeMarco Tailor 優惠券

買滿 15,000 泰銖即享有 85 折優惠
15% discount off after buy 15,000 THB

《Sawasdee krab! 就是愛泰》四塊玉文創 出版

暹廚泰式料理優惠券

用餐總金額打 85 折
（適用於吉林店和安和店）

《Sawasdee krab! 就是愛泰》四塊玉文創 出版

玩樂主播出國必備 wifi 分享器 Global Wifi

透過網址（globalwifi.com.tw/?pr_vmaf=Pk25B7QLzl）
預約 Global Wifi，獨享優惠價後再 9 折

注意事項

1. 限兌換乙次，不得複印（This voucher may be redeemed only once.）
2. 本券不可兌換現金（The offer is non-exchange able for cash.）
3. 本券不可與其他自助餐促銷一起使用（The offer cannot be used in conjunction with other promotion buffet.）
4. 店家可隨時變更活動內容，不另行通知（Subject to change without period notice.）

使用期限：2017/12/31 止（Valid until 31 December 2017）
使用地點：256 Dara Beach, Soi 20, Pattaya-Naklua Road, Pattaya, Chon Buri
聯絡電話：+66-38-933-888
使用上若有疑問，歡迎與作者聯繫：FB 搜尋「玩樂主播郭人榮」

注意事項

1. 限兌換乙次，不得複印（This voucher may be redeemed only once.）
2. 本券不可與其他優惠、折扣併用（This voucher cannot be used conjunction with any other promotions.）
3. 本券不可兌換現金或其它類型之優惠（This voucher cannot exchanged for cash or for vouchers at any kind.）
4. 店家有保留變更優惠條款的權利（Reserves the rights to va these terms&conditions.）

使用期限：2017/10/31（Valid till end of Oct 2017）
使用地點：404 Soi Sainamtip 3 Sukhumvit 22 Klong toey, Bangk
預訂網址：www.sleepbox22.com
聯絡電話：+66-2-663-3088-9
使用上若有疑問，歡迎與作者聯繫：FB 搜尋「玩樂主播郭人榮」

注意事項

1. 限兌換乙次，不得複印（This voucher may be redeemed only once.）
2. 本券不可與其他優惠同享（This voucher cannot be used in conjunction with any other promotions.）
3. 本券不可兌換現金或其它類型之優惠（This voucher cannot be exchanged for cash or for vouchers at any kind.）
4. 結帳前請向工作人員出示本券（Please remember to provide the voucher to our staff before payment.）
5. 店家有保留變更優惠條款的權利（Savoey Restaurant reserves the rights to vary these terms&conditions.）

使用期限：2017/12/31 止（Valid until 31 December 2017）
使用地點：Savoey Restaurant 所有分店
分店資訊：www.savoey.co.th
使用上若有疑問，歡迎與作者聯繫：FB 搜尋「玩樂主播郭人榮」

注意事項

1. 限兌換乙次，不得複印（This voucher may be redeemed only once.）
2. 本券不可與其他優惠、折扣併用（This voucher cannot be used conjunction with any other promotions.）
3. 本券不可兌換現金或其它類型之優惠（This voucher cannot b exchanged for cash or for vouchers at any kind.）
4. 店家有保留變更優惠條款的權利（Reserves the rights to va these terms&conditions.）

使用期限：2017/12/31 止（Valid Now until 31 December 2017）
使 用 地 點：51 Sukhumvit Soi 26, Khlong Tan, Khlong Toe Bangkok
聯絡電話：+66-2-108-8855
使用上若有疑問，歡迎與作者聯繫：FB 搜尋「玩樂主播郭人榮」

注意事項

1. 預訂前一天，請先發郵件至 mktg@siamwellnessgroup.com（Need to booking before one day by email first.）
2. 限兌換乙次，不得複印（This voucher may be redeemed only once.）
3. 本券不可與其他優惠、折扣併用（This voucher cannot be used in conjunction with other promotions.）
4. 本券不可兌換現金或其它類型之優惠（This voucher cannot be exchanged for cash or for vouchers at any kind.）
5. 店家有保留變更優惠條款的權利（Reserves the rights to vary these terms&conditions.）

使用期限：2017/12/31 止（Valid until 31 December 2017）
使用地點：483 Soi Suthipom, Prachasongkhro Road, Dindaeng, Bangkok
聯絡電話：+66-2-641-6619(-20)
使用上若有疑問，歡迎與作者聯繫：FB 搜尋「玩樂主播郭人榮」

注意事項

1. 限兌換乙次，不得複印（This voucher may be redeemed only once.）
2. 本券不可與其他優惠同時使用（This voucher cannot be used i conjunction with any other promotions.）
3. 本券不可兌換現金或其它類型之優惠（This voucher cannot b exchanged for cash or for vouchers at any kind.）
4. 水療前請向工作人員出示本券（Please provide the voucher t staff prior to receiving the treatment.）

使用期限：2017/12/31 止（Valid until 31 December 2017）
使用地點：10 Sukhumvit 20, Sukhumvit Road, Klongtoey, Bangkok
聯絡電話：+66-2-127-5995
使用上若有疑問，歡迎與作者聯繫：FB 搜尋「玩樂主播郭人榮」

注意事項

1. 本券限使用乙次，不得複印
2. 本券不得與其他優惠、折扣併用
3. 店家有保留調整活動內容之權利
4. 過年、母親節等國定假日不適用，請先電話預約

使用期限：2017/12/31 止
使用地點與聯絡電話：
安和店：台北市和平路二段 231 號，02-2732-8398
吉林店：台北市吉林路 39 號，02-2521-8398
使用上若有疑問，歡迎與作者聯繫：FB 搜尋「玩樂主播郭人榮」

注意事項

1. 限兌換乙次，不得複印（This voucher may be redeemed only once.）
2. 本券不可與其他優惠、折扣併用（This voucher cannot be used in conjunction with any other promotions.）
3. 本券不可兌換現金或其它類型之優惠（This voucher cannot be exchanged for cash or for vouchers at any kind.）
4. 店家有保留變更優惠條款的權利（Reserves the rights to vary these terms&conditions.）

使用期限：2017/12/31 止（Valid until 31 December 2017）
使用地點：253 Sathorn Tai Road, Sathom, Yannawa, Bangkok
聯絡電話：+66-2-675-9718
使用上若有疑問，歡迎與作者聯繫：FB 搜尋「玩樂主播郭人榮」

三友圖書有限公司　收

SANYAU PUBLISHING CO., LTD.

106　台北市安和路2段213號4樓

三友圖書
讀書俱樂部

購買《Sawasdee krab！就是愛泰：6條超夯路線×60處特搜景點，跟著玩樂主播享受曼谷好時光》的讀者有福啦，只要詳細填寫背面資料，並寄回三友圖書，即有機會獲得大獎！

活動期限至2017年1月18日止
詳情請見回函內容

本回函影印無效

四塊玉文創╳橘子文化╳食為天文創╳旗林文化
http://www.ju-zi.com.tw
https://www.facebook.com/comehomelife

【活動辦法】

感謝您購買《Sawasdee krab！就是愛泰：6 條超夯路線 ×60 處特搜景點，跟著玩樂主播享受曼谷好時光》一書，為回饋您對本書的支持與愛護，只要填妥本回函，並於 2017 年 1 月 18 日前寄回本社（以郵戳為憑），即有機會參加抽獎活動。

【獎品介紹】

1. Siam Wellness Group-Let's Relax Spa（terminal 21 分店）
   雙人免費精油按摩一小時，共 2 名。（價值 2,000 泰銖）
2. Siam Wellness Group-RarinJinda Wellness Spa（隆齊分店）
   雙人免費精油按摩一小時共 2 名。（價值 3,532 泰銖）
3. Banyan Tree Bangkok 曼谷悅榕莊酒店
   雙人晚餐巡航之旅餐廳抽獎，共乙名。（價值 5,000 泰銖）
4. Cape Dara Resort 達拉海角度假酒店
   雙人豪華套房，含早餐，共乙名。（總價值 20,000 泰銖）
5. 音特美睫美甲沙龍 it nail beauty salon
   單色光療兌換券乙張，共 6 名。（每組價值 1,500 元）
6. 龍波斯特（永康東門店）
   9 吋大龍蝦乳酪披薩乙個，共 10 名。（每組價值 1,429 元）
7. DeMarco Tailor（Sathorn-Tai Rd）
   免費棉襯衫，共 2 名。（價值 2,000 泰銖）
8. Oriental Residence Bangkok
   曼谷東方公寓免費豪華客房單晚，附 2 人份早餐，共 2 名。（價值 13,300 泰銖）
9. Savoey Restaurant
   免費雙人午餐，共 5 名。（價值 1,500 泰銖）
10. 泰國觀光局
    台北曼谷來回機票一張＋五天四夜酒店，共乙名。
11. Well Hotel Bangkok Sukhumvit 20 曼谷維爾酒店
    免費入住兩晚「豪華客房」，含早餐，共乙名。（價值 17,420 泰銖）
12. Anantara Sathorn Bangkok Hotel 曼谷安納塔拉薩通酒店
    免費贈送雙人貴賓套房兩晚，含早餐。（價值 11,400 泰銖）
13. 教父牛排
    免費雙人份套餐，共乙名。（價值 3,000 元）
14. WOK 臥風閣
    免費雙人份套餐，共乙名。（價值 2,000 元）
15. UMap 世界地圖
    共乙名，價值 1,780 元。（抽獎贈品無客製文字之服務）
16. 泰國小老闆海苔
    乙包（32g），共 10 名

姓名＿＿＿＿＿＿＿＿＿＿＿＿＿＿＿＿ 出生年月日＿＿＿＿＿＿＿＿＿＿＿＿

電話＿＿＿＿＿＿＿＿＿＿＿＿＿＿＿ E-mail＿＿＿＿＿＿＿＿＿＿＿＿＿＿

通訊地址＿＿＿＿＿＿＿＿＿＿＿＿＿＿＿＿＿＿＿＿＿＿＿＿＿＿＿＿＿＿＿

您認為本書尚須改進之處及對我們的意見？＿＿＿＿＿＿＿＿＿＿＿＿＿＿＿＿

本回函得獎名單公布相關資訊
得獎名單抽出日期：2017 年 1 月 25 日
得獎名單公布於：
臉書「微胖男女編輯社 - 三友圖書」：https://www.facebook.com/comehomelife/
痞客邦「微胖男女編輯社 - 三友圖書」：http://sanyau888.pixnet.net/blog